선생님의 학교 생활이
술술 풀렸으면 좋겠습니다

신규교사의 멘탈 관리부터 학급경영·상담·실무까지
선생님의 학교 생활이 술술 풀렸으면 좋겠습니다

초판 1쇄 펴낸날 2023년 2월 27일

지은이 김주창 김현선 이은혜 이충효
펴낸이 홍지연

편집 홍소연 고영완 전희선 이태화 조어진 서경민
디자인 권수아 박태연 박해연
마케팅 강점원 최은 신종연
경영지원 정상희 곽해림

펴낸곳 (주)우리학교
출판등록 제313-2009-26호(2009년 1월 5일)
주소 04029 서울시 마포구 동교로12안길 8
전화 02-6012-6094
팩스 02-6012-6092
홈페이지 www.woorischool.co.kr
이메일 woorischool@naver.com

ISBN 979-11-6755-096-5 03370

- 책값은 뒤표지에 적혀 있습니다.
- 잘못된 책은 구입한 곳에서 바꾸어 드립니다.

만든 사람들
편집 이선희
디자인 책은우주다seungdesign@hanmail.net

선생님의 학교 생활이
술술 풀렸으면 좋겠습니다

신규교사의 멘탈 관리부터 학급경영·상담·실무까지

김주창 * 김현선 * 이은혜 * 이충효 지음

우리학교

따뜻하고 친절한 신규교사 멘토링을 시작하며

이 책은 2019년 어느 날 일본의 유학생센터에서 시작되었습니다. 당시 저는 일본 문부과학성 교원연수 프로그램에 합격해, 교토교육대학 교육실천고도화 코스에서 약 1년 6개월간 연수생 생활을 하던 차였지요.

아마 한창 신규교사들이 현장에서 허덕거리고 있던 3월의 일이었을 겁니다. 약 5년간의 현장직을 내려놓고, 연수생 신분으로 3월을 보내는 것은 묘한 기분이었어요. 반면에 교대생들이 임용고시 관련 정보를 주고받는 D 포털의 〈초등임용고시 같이 공부해요〉 카페에는 갓 발령 난 신규교사의 SOS가 줄지어 올라오고 있었습니다. 어떻게 가르치고 지도할지 죄다 모르는 것투성이인데다, 심지어 자신이 뭘 모르는지도 모르는 신규교사의 처지를 저 역시 잘 알고 있었기에, 그냥 지나칠 수 없어 열심히 댓글을 달았던 것 같습니다.

하지만 이내 그것만으로는 부족하다는 생각이 들었어요. 답변을 받아도 궁금한 것은 또 생기기 마련인데, 카페 댓글 시스템만으로는 다음 답변까지 시간적 공백과 연속성을 메꾸기에는 역부족이었기 때문입니다. 또 초등은 중고등과는 다르게 교과교사제가 아닌 담임교사제이기 때문에 '내 교실'이 존재하는데, 이러한 폐쇄성은 자칫 저경력 교사를 고립시키기에는 딱 좋은 조건이지요. 이런 이유로 신규교사에게 지속적으로 도움을 주기 위해 처음에 딱 신규교사 20명만 카카오톡에 초대해 도움을 주게 되었습니다. 바로 오픈톡 초등 신규교사 멘토링 〈신규교사 함께서기〉의 시작입니다.

2019년 3월에 20명, 같은 해 9월에 20명을 더 받아 40명의 신규교사에게 도움을 드렸습니다. 작게는 나이스(NEIS, 교육행정정보시스템) 상신이나 출근 복장 같은 소소한 문제부터 교사의 철학, 학급경영, 학생·학부모 상담 요령, 실무 전반 등의 큰 카테고리까지, 다양한 영역을 넘나들며 연이어 상담했지요. 그때는 초등교사라면 누구든 가입하는 사이트인 인디스쿨(indischool.com)의 라운지도 없던 시절이라, 저와 함께 2019년을 마무리한 신규 선생님들은 너무나 큰 도움이 됐다며 연신 고마워하셨어요.

학창 시절 읽었던 『트레버』라는 소설이 떠올랐습니다. 소설의 주인공 트레버는 '페이 잇 포워드Pay it Forward'(다른 사람에게 베풀기) 운동으로, 한 사람이 세 사람에게 도움을 주고, 그 세 사람이 각자 또 다른 세 사람에게 도움을 주는 독특한 운동을 전개합니다. 〈신규교사 함께서기〉 또한 트레버의 운동과 닮았습니다. 한 신규교사에게 도움을 주면, 그 신규교사가 좀 더 여유와 애정을 가지고 아이들과 학부모를 대할 수 있지요. 교사의 애정과 맞닿은 아이와 학부모는 좀 더 여유를 가지고 세상을 만날 수 있습니다. 한 선생님이 담당하는 한 반의 학생은 어림잡아 20여 명 내외, 학부모는 40명이니 1년 동안 한 교사가 베풀 수 있는 대상은 60명입니다. 1년 동안 선생님 40여 명에게 도움을 줬으니, 그 교사들이 담당하는 약 2,400명의 학생과 학부모도 선한 영향력을 받은 셈이지요. 제가 〈신규교사 함께서기〉를 이어간 이유입니다.

놀랍게도 2020년에는 저경력 교사 140여 명이 멘티 지원서를 내밀었습니다. 당시 코로나19로 인해 조기복직까지 예정돼 있던 저로서는 혼자서 절대로 감당하기 힘든 인원이었지요. 어떻게 해야 할까, 고민하던 차에 교원단체 실천교육교사모임의 페이스북에 글을 올렸습니다.

놀라운 일이 벌어졌습니다. 20명 넘는 선배 교사가 멘토로 도움을 자처한 것입니다. 현장의 바쁜 흐름을 아는지라, 부족한 시간을 쪼개가며 아무 대가 없이 멘티 선생님들에게 도움의 손길을 내미는 멘토 선생님들이 너무나도 고마웠습니다.

그 후 2021년에는 멘티 선생님 177명과 멘토 선생님 22명이 함께했습니다. 2022년에도 멘티 선생님 170여 명과 멘토 선생님 30여 명이 함께했습니다.

이 책은 현재 〈신규교사 함께서기〉 활동에 3년째 함께하는 김주창, 이은혜, 이충효 선생님과 이러한 그간의 경험과 사례, 우리의 고민, 토론을 모아서 써 내려간 기록이자 안내서입니다.

제가 멘토링 경험을 통해 느낀 점은, 이른바 경력교사의 기법이란 연역적인 것보다 귀납적인 것에 가깝다는 것입니다. 현장에서 몸으로 익힌 실천의 경험이 쌓여 현장이라는 공간 안에서 우리가 숨 쉴 수 있는 공기가 되는 것이지요. 그러한 귀납적 경험이 부족한 저경력 교사들이 교실이라는 공간에서 숨이 턱 막히는 상황을 직면할 수밖에 없는 모습을 아주 많이 보았습니다.

이 때문에 저경력 선생님들이, 혹은 학교에서 어려운 시간을 보내고 있는 현장의 동료 선생님들이 막막할 때 수시로 펼쳐볼 수 있는, 혹은 책장에 꽂혀 있는 것만으로도 마음의 안정을 찾는 그런 책을 쓰고 싶었습니다. 찾아가서 배움을 청하고 상의할 수 있는 옆 반 선생님 같은 책이 되어드리고 싶었습니다. 이런 생각으로 저자 선생님들과 함께 몇 달을 토론하면서 원고를 쓰고 고치며, 책의 체계를 잡았습니다.

교직 생활의 뿌리와도 다름없는 1부 교사의 철학, 교사의 개성과 생각이 가지처럼 뻗어나가는 2부 학급경영, 학급 생활의 따뜻한 햇살과 토양이 될 3부 학생·학부모 상담, 교직 생활의 와중에 몰아치는 풍파를 막아줄 4부 교직실무까지, 가능한 한 교사와 교직의 모든 영역을 담으려고 시도했습니다.

교육은 학생, 학부모, 교사가 조화를 이뤄야만 꽃이 피고 열매가 맺힙니다. 그런데 연차가 쌓이면 이 영역이 단순한 기교만으로는 어렵다는 것을 알게 되지요. 철학이라는 뿌리가 있어야만 단단히 뿌리 박을 수 있습니다. 교사의 철학을 첫 주제로 삼은 이유입니다. 학급경영은 교사 개개인의 관점과 개성에 영향받을 때가 많습니다. 쭉쭉 뻗어나가며 생장하는 나무의 가지와 이파리와도 같지요. 이 과정에서 학생·학부모 상담을 통해 그들을 이해하고 서로 배우는 일련의 물주기와 햇살 작업으로 나무가 자리 잡을 토양을 만들 필요가 있습니다. 끝으로, 교직실무 역시 잘 알아두고 활용하면 현장에서 교사가 두려움 없이 자신만의 나무를 키울 수 있는 큰 힘이 되어줄 수 있습니다.

아울러 이 책을 준비하면서, 무엇보다도 여태껏 소중하고 귀한 시간을 함께해준 멘토 선생님들의 이름을 여기에 소개하고 싶습니다.

이상우, 김유진, 김은주, 김주창, 김태승, 김하중, 나승빈, 윤용한, 이은혜, 이충효, 하정용, 정원미, 이지영, 천경호, 한희창, 홍유진, 김선민, 송형호, 민천홍, 전상현, 구소희, 김진수, 신건철, 이종필, 정재석, 안미영, 허승환, 김태은, 김종보, 민효정, 박대현, 성현정, 양인성, 이동민, 이해중, 최선주, 서형하, 김진영, 박미리, 김은미

모든 선생님에게 다시 한번 깊은 감사와 존경을 담아 마음을 전합니다.

이 책이 모든 것을 새로 시작하는 모든 신규 선생님, 그리고 교직생활이 몇 년 지났지만 여전히 내 방향성이 맞을까 고민하는 모든 저경력 선생님에게 펼쳐보면 늘 힘이 될 수 있는 좋은 지지대가 되기를 바랍니다.

2023년 2월

저자들을 대표하여, 김현선

차례

교사의 원칙과 개성이 이루는 학급이란 소우주

2부

학급경영

학급 생활의 햇살과 토양

3부

학생·학부모 상담

교사의 시간에 날개를 달고, 교직 생활의 풍파를 막는 힘

4부 교직실무

1부

수많은 바람에도 흔들리지 않는
교직 생활의 뿌리

교사의 철학

1장

교사 철학의 틀을 세우는 준비

인간은 자신이 처한 상황에 따라 다양한 '페르소나persona'를 씁니다. '페르소나'는 라틴어로 '가면'이란 뜻인데, 분석심리학의 창시자 칼 융Carl Jung이 인간의 성격 형성에 중요한 영향을 끼치는 개념으로 지칭했지요. 또한 페르소나는 우리가 사회에서 특정한 역할을 할 때, '스스로가 바라는 나의 모습'과 '타인이 나에게 바라는 모습'을 반영해가며 감정과 이성을 조절토록 하는 파라미터입니다.

교단에 오르면 우리 교사들은 '선생님'이란 가면을 씁니다. 선생님 가면에도 여러 종류가 있어요. 무섭기만 한 선생님, 친구 같은 선생님, 카리스마 있는 선생님……. 그러나 저경력 교사들은 지도자이자 보호자로서 가장 그럴듯해 보이는 '무서운 선생님' 가면을 쓰기 일쑤입니다. 교권이 위협받는 요즈음, 교사의 내면에 작동하는 방어기제일지도 모르지요.

그러나 이때 문제가 생깁니다. 양이 늑대의 가면을 쓰는 거나 마찬가지이기 때문이에요. 아이들은 오히려 이런 교사에게 거리감과 괴리감을 느끼지요. 두려움과 경계의 마음으로 교사를 대하다가 직감적으로 교사의 가면 밑에 숨은 양을 발견합니다. 선생님들은 점차 자신을 회피하거나 교사인 자신에게 도전하는 아이, 도리어 호랑이로 반에 군림하는 아이를 보며 절망에 빠지기 시작하지요.

서울대 심리학과 권석만 교수(2021)는 "페르소나를 너무 중요하게 여기면, 개인은 진정한 자신으로부터 유리되어 형식적이고 피상적인 삶을 살게 될 뿐만 아니라 순수한 감정을 경험하기가 어려워진다"라고 말해요. 교단은 하나의 무대이기도 하지만, 순수한 인간 만남의 장입니다. 필요할 때 적절히 그 페르소나를 벗고 아이들과 인간 대 인간으로 마주해야 아이들과 좋은 영향을 주고받을 수 있지요.

그러나 우리가 고도의 사회적 소통 기술을 구사하는 인간인 이상, 공적인 장소에서 역할에 맞는 가면(페르소나)은 필요한 법입니다. 누구보다 교실이라는 밀집·밀폐된 공간에서 오랜 기간 다양한 성정을 가진 아이들과 마주해야 하는 교사는 더더욱 그렇습니다. 그렇다면 교사에게 가장 그럴싸한 가면, 혹은 '교사상像'은 무엇일까요?

1부에서는 우리 자신의 교사상, 그리고 교사 철학을 정립하도록 돕는 몇 가지 기반과 이론에 관해 영역을 나누어 소개하려고 합니다.

교사상의 부재가 불러온 문제

10년 전인 2013년 9월, 저는 군대 간 전임 교사를 대신해 전남의 한 학교로 중간 발령을 받았습니다. 당시 저는 교사로서의 정체성, 즉 교사상을 찾지 못해 갈팡질팡하고 있었어요. 학생과의 친밀한 관계에 무게를 둘 것인가, 혹은 지도와 카리스마에 무게를 둘 것인가? 하지만 머릿속에 맴도는 선배 교사들의 말이 있었습니다.

"아이들한테 만만하게 보이면 안 돼요!"

"한 명만 잡으면 괜찮아요. 그럼 나머지 애들은 따라오게 돼 있어요."

사실 제가 교사라는 직업을 선택한 이유는 사명감이나 혹은 아이들과 가르치는 일을 좋아해서라기보다 집안의 경제 상황 때문인 부분이 컸습니다. 하지만 하루에 8시간 이상을 쏟아붓는 학교에서 잘 해내고 싶었습니다. 그래서였을까요, 수많은 선배가 걸어갔다던 그 '왕도'를 걸을 수밖에 없었던 것은요. 선배 교사들의 말을 가슴에 아로새긴 채 교실 문을 열었을 때, 이미 저는 '권위주의적 교사'라는 껍질을 꽁꽁 둘러쓰고 있었던 것 같습니다.

첫 문을 잘못 열어서였는지, 교사 인생에 처음으로 맞이한 첫 제자들인 오이반(5학년 2반) 아이들에게 저는 친밀하게 다가가지 못했습니다. 그렇다고 수업이나 지도의 질이 높은 것도 아니었지요. 저부터도 저 자신에 대한 확신이 부족한 나날이 계속됐습니다. 점차 아이들의 얼굴에서도 저에 대한 믿음이 사라지는 것을 느꼈지요. 수업, 학급경영, 생활지도, 어느 것 하나 제대로 되는 것이 없다보니, 그런 초조함과 두려움을 한 가닥 남은 '담임 교사'라는 권력과 권위 뒤에 숨어서 감추고 있었던 것 같아요. 학교에서도 연신 굳은 얼굴, 집에서는 내내 울상인 얼굴이 몇 날 며칠이고 계속되던 시간이었습니다.

어느 날 출장에서 돌아와 교실 문을 열었던 그 순간의 일을 지금도 잊지 못합니다. 그 순간의 기억은 제 블로그 교단일지에 고스란히 남아 있어요.

오늘 출장을 마치고 5시 넘어 학교로 다시 돌아왔는데
칠판에 쓰여 있는 글을 보고 순간 말문이 턱 막혔다.

"A 선생님, 군대에서 뛰어와요."
"A 선생님, 보고 싶어요."
"보고 싶어요, 보고 싶어요, 보고 싶어요."

말 그대로 순수한 아이들의 언어에 나는 암울한 심정을 지우는 것처럼 칠판 앞을 종횡하며 글자를 지웠다. 분필 가루가 내 마음처럼 후드득 허공에서 떨어져 내렸다. 바닥에 털퍼덕 주저앉은 분필 지우개가 내 처지처럼 보였다.

▪ 2013년 11월 블로그, '나의 교단일지' 중에서

A 선생님은 제 부임에 앞서 1학기에 아이들을 가르쳤던 남자 선생님이었지요. A 선생님은 저와는 완전히 반대 타입의 교사였습니다. 아이들을 사랑했고, 가르치는 일을 좋아했으며, 스스로에 대한 확신이 가득 차 있는 교사였습니다. 아이들은 그런 A 선생님과 저의 차이를 분명하게 느꼈던 것이지요.

칠판의 문구를 본 저는 무너져내렸습니다. 한 명이 적은 글은 아니었습니다. 아이들은 제가 저 칠판의 문구를 볼 것을 알았을까요? 제가 보지 않았더라도, 다음 날 학교에 일찍 오는 아이들이 먼저 봤겠지요. 수치심과 모멸감이 고개를 들었습니다. 화도 나고, 눈물도 났습니다. 그만큼 아이들 마음이 이전 선생님에 대한 그리움으로 흘러넘치는 거라고 이해하려고도 했지요.

하지만 아이들을 이해하고 싶으면서도, 이해하고 싶지 않았습니다. 이해하기에는 저 자신이 너무나도 작아지는 기분이었지요. 이후 아이들을 대하는 제 얼굴은 더 굳어졌고, 마음의 문은 굳게 닫혔습니다.

교사상 정립을 위한 교사 유형 이론

학급긍정훈육법의 교사 유형 이론

'친절하고 단호한 교사'에 대해 많이 들어봤을 겁니다. 이 '친단교'를 처음으로 다룬 제인 넬슨 외 2인(2014)이 정립한 학급긍정훈육법 Positive Discipline in the Classroom(이하 PDC)에 따르면, 교사의 리더십 유형은 '규칙에 대한 단호함'과 '학생을 대할 때의 친절함'을 기준으로 보스형, 하인형, 유령형, 친절하고 단호한 형 4가지로 나뉩니다.

첫째, 보스boss 유형. 이 유형은 학생의 수준에 높은 기대를 가지기 때문에 정해진 규칙을 단호히 준수하길 원합니다. 하지만 학생들에게 가까이 다가가려고 노력하지는 않습니다. 이 유형은 "넌 학생이고 난 교사니까 너는 내 말을 따라야 해"라고 말하지요.

둘째, 하인rug 유형. 이 유형은 학생의 규칙 준수에 대해 그렇게 엄격한 편이 아닙니다. 하지만 학생들에게 가까이 다가가고자 노력하며, 무엇이건 해주려고 합니다. 이 유형은 여러 상황에서 "힘들 테니까 놔둬, 선생님이 할게"라고 말합니다.

셋째, 유령ghost 유형. 이 유형은 학생에게 가지고 있는 기대치가 높지도 않으며, 학생과 긴밀한 관계를 만들려고도 하지 않습니다. 이 유형은 교사 스스로가 무기력하거나, 혹은 사명의식이 없는 경우가 많습니다.

1-1. **학급긍정훈육법의 교사 유형**

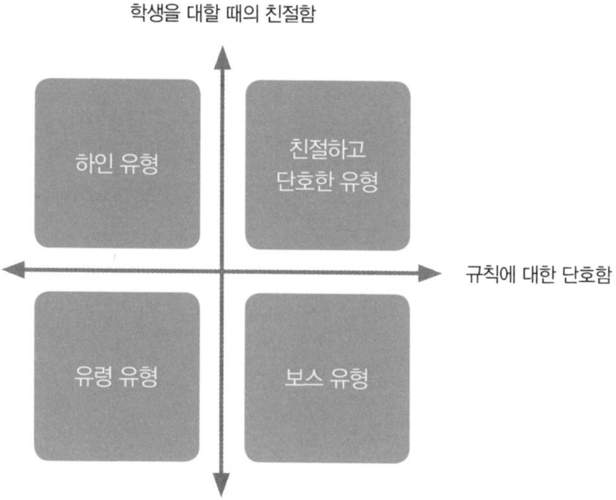

마지막으로, 친절하지만 단호한kind and firm 유형. 이 유형은 학생에게 가지고 있는 기대치가 높아 규칙 준수에도 단호하며 학생과의 관계를 중요하게 여깁니다. 이 유형은 교사 나름의 주관과 카리스마로 학급경영을 하면서도, 학생과의 민주적인 관계를 중요시합니다.

선생님의 교사 유형은 어디에 해당하는지 스스로 되돌아보면 좋겠습니다. 선생님께선 어느 정도 학생에게 단호하면서도 친절한가요? 부족한 것이 있다면 무엇일까요? 교사로서 나에게 아쉬운 부분이 무엇인지 생각해볼 기회입니다.

1-2. PM 이론으로 본 교사 유형

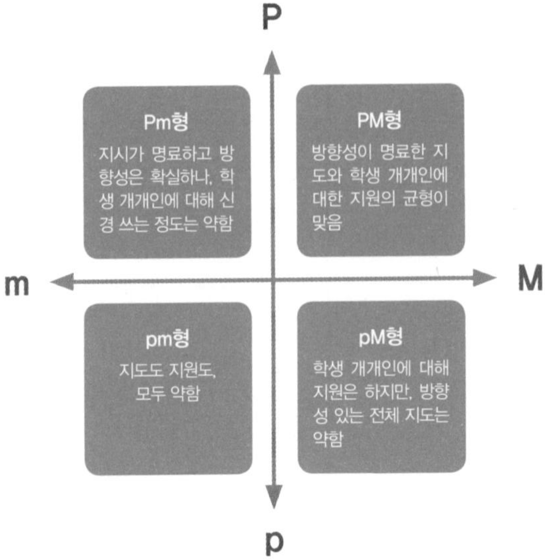

PM 이론의 교사 유형 이론

일본의 심리학자 주지 미스미가 리더십 행동에 관한 연구로 주창한 PM 이론도 있습니다. 여기서 P는 생산성Performance을, M은 인간관계 중시Maintenance를 뜻해요. 일본 교토교육대학 가타야마 노리코(2018) 교수는 이것을 교실 환경에 적용해, P는 방향성이 확실한 명료한 지도를, M은 학생 한 명 한 명을 향한 배려나 지원으로 바꿔 해석했지요. 대문자라면 해당 성향이 강하고, 소문자라면 해당 성향이 약하다는 표기입니다. pm(지도력도, 배려와 지원도 적은 경우), Pm(지도력은 강하나 배려와 지원이 적은 경우), pM(지도력은 약하나 배려와 지원이 많은 경우), PM(지도력도, 배려와 지원도 모두 강한 경우) 총 네 가지가 있어요.

그렇다면 저는 어땠을까요? 신규교사 시절의 부끄러운 기억을 한 번 더 더듬어보겠습니다.

저는 2년차까지 보스 유형에 Pm형 교사였습니다. 이 유형은 학생에게 주도권을 뺏기지 않으려고 흔히 말하는 기싸움, 서열투쟁을 벌이지요. 그러나 사실 본래 성품은 내향적이고 자기주장이 뚜렷하지 않은 편인 제가 그 싸움에서 승리하기는 매우 어려웠습니다.

미국의 리더십 전문가 제임스 C. 헌터James C. Hunter(2000)에 따르면, 권력은 원하지 않는 사람에게 자신의 지위를 이용해 행동을 강제하는 것입니다. 반면 권위는 사람들이 기꺼이 자신의 의지대로 행동하게 하는 것입니다. 교사에게 필요한 것은 권위일까요, 아니면 권력일까요? 권위라는 껍질을 쓰고 있다고 착각했지만, 실상 저는 '교사'라는 완장만 차고 어쭙잖은 '권력'만 휘두르다 서열싸움에서 처참하게 패한 상태였습니다.

3년차에 저는 하인 유형에 pM형 교사였지요. 스스로가 아이들에게 권력을 휘두를 힘도, 권위를 보여줄 카리스마도 없다고 확신한 저는, 먼저 아이들에게 다가가기로 마음먹었습니다. 당시에 감정코칭을 다룬 책을 읽었기 때문에 그것을 응용하려고 결심했거든요. 제가 노력하면 아이들도 따라와줄 거라고 생각했습니다.

그러나 아이들은 단순히 허용적이기만 한 선생님을 원하지 않았습니다. 학급에서 항상 불만을 터트리고 자기중심적인 사고만 거듭하던 한 학생을 상대로 제가 선을 긋지 못하고 친절만 가지고 아이를 품으려고 하자, 어느 순간엔가 학급은 그런 '기 센' 아이들에게 장악당하는 분위기가 형성되었습니다. 또한 나머지 아이들이 피해를 호소한들 해결할 힘이 없는 저를 신뢰하지 않는 분위기가 이어졌지요. 이 해의 끝에 저는 결국 쫓겨나듯, 유령이자 pm형 교사가 되어 종업식을 맞이해야 했습니다.

박남기 교수의 교사 유형 이론

광주교육대학의 박남기(2017) 교수는 교사를 세습무형과 강신무형으로 나누어 말합니다. 세습무는 집안 대대로 무당을 해온 사람, 즉 타고난 재능보다는 전승되어온 지식을 토대로 무당을 하는 사람을 말합니다. 반면 강신무는 신내림을 받아 무당으로서의 재능을 타고난 이를 뜻하지요.

그는 교실 현장에도 세습무형과 강신무형 교사가 있다고 말합니다. 이 관점은 어찌 보면 교사로서 타고난 기질과 적성 등 선천적 재능에 초점을 맞춘 교사 유형론이라 할 수 있겠습니다.

세습무형 교사는 아무리 배워온 대로 교단 위에서 발버둥 쳐봤자, 본인은 강신무형만큼의 센스에 도달하지 못하리라는 것을 통감

합니다. 보스가 되었다가, 하인이 되었다가, 어느덧 유령이 되어 종국에는 방임형 교사가 되기에 십상이지요. 강신무형 교사가 "아이들이 좋아요", "학교에 가고 싶어요"라고 말할 때, 세습무형 교사는 "왜 나는 아이들을 사랑하지 못할까?", "어째서 학교에서 숨이 막힐까?", "왜 나는 저만큼 하지 못할까?"라는 상대적 무기력감을 느끼곤 합니다. 교실에서 유령이 되어가는 것을 교사 본인의 '사랑 부족'이자 '능력 부족'이라고 자책하기도 쉽고, 점차 무기력해지면서 방어적으로 변하기 일쑤입니다.

그 당시의 저는 교실에서 친절하고 단호한 PDC형 교사가 되고 싶었고, PM형(지도 능력과 관계 능력이 탄탄한) 교사가 되고 싶었습니다. 가능하다면 강신무형 교사가 돼 아이들과 신명 나는 교실을 만들고, 후련한 얼굴로 종업식을 맞이하고 싶었습니다. 그러나 그 길은 요원하기만 했지요.

지금까지 말한 교사 유형에서 선생님은 어떤 교사를 목표로 하고 있나요? 저처럼 우왕좌왕하다가 신학기에는 이렇게 해봐야지, 다짐하는 교사들도 많겠지요. 저는 이 당시 저 자신의 현실적 교사상과 이상적 교사상의 괴리로 많은 길을 헤맸습니다. 지금이라도 현재 내가 어떤 교사인지, 그리고 앞으로 어떤 교사가 되고 싶은지 생각해보면 좋겠습니다.

2장

학생과 학부모, 교실에 대한 심도 있는 이해

3년차에 들어, 정확히는 2년 반 동안 담임 교사로 지내면서 제 마음은 넝마가 되어 있었습니다. 그러나 이 일을 그만둘 수는 없는 노릇이었지요. 교직을 그만둔다 한들 당장 할 수 있는 일도 없었습니다. 아이들을 사랑해서가 아니라, 생계를 위해 교사 일을 그만두지 못했노라 한심한 고백을 해봅니다. 그렇기에 더더욱 손 놓고 있을 순 없었지요. 제게 학교는 생존해야만 하는 공간이었기 때문입니다.

교사상을 다듬기 위한 공부

이 시기에 저는 나승빈 선생님이 조직한 〈희망 교실〉, 실천교육교사모임 주관의 〈교사가 만들어가는 교육 이야기〉 등 많은 모임에 나갔습니다. 도움이 되는 연수가 있다면 지역 불문하고 버스에 몸을 실었고요. 또한 심리학, 교육학, 사회과학 책을 닥치는 대로 읽어가며 세습무형 교사로서 아등바등 몸부림을 쳤던 것 같습니다.

그러다가 우연히 영어 교과 전담 교사로서 일할 수 있었던 1년은 제게 안식년과도 같았습니다. 이 1년은 아이들과의 거리두기가 가능했던 시간이었습니다. 부모도 심리적 여유가 없는 상태에서 여러 시간을 자식과 마주하면 욱하는 일이 잦아지기 마련이지요. 그러다가 자녀와 장시간 떨어져 있을 일이 생기면, 괜스레 애틋해집니다. 모닥불도 마찬가지예요. 너무 가까이 오랜 시간 머무르면 뜨겁지만, 추울 때 가끔씩 가깝지 않은 거리를 유지하면 그렇게나 따뜻한 것을요.

교사도 마찬가지입니다. 심리적 여유가 없는 상태에서 담임 교사를 하다보면 아이들과 장시간 부대껴야 하니 "으이그, 이놈의 웬수들"이란 소리가 절로 나오곤 하지요. 하지만 교과 전담을 하다보니 아이 개개인과 심리적·물리적 거리유지가 되는 상황이 오히려 호재로 작용했습니다. 물론 "초등교사의 꽃은 담임이지!"라고 말하는 교사들도 있겠지만, 아이들과의 거리두기, 학교와의 거리두기가 오히려 회복에 보탬이 될 때가 있지요. 그렇기에 교사에게 방학이라는 '내려놓음'의 시간이 필요한 것은 아닌가 생각합니다.

당시 나침반이 되었고, 지금도 흔들릴 때마다 잡아주는 책을 소개합니다.

■ **『마음 흔들기』, 『학교 흔들기』**(서준호, 지식프레임)

지금은 성장교실과 교사심리극으로 유명한 서준호 선생님이 쓴 책입니다. 마냥 강신무형 교사였을 거라고 생각했던 서준호 선생님 또한 헉 소리 날 만큼의 역경이 있었다는 건 큰 충격이자 위로였습니다. 또한 학교가 위에서 아래로 전해지는 무수한 진동의 집합이라는 선생님의 모빌 이론은 교실 속 수많은 갈등 상황에서 제 철학적 출발점이 되었습니다. 학생, 학부모, 교사에게 영향을 미치는 부정적인 진동에 대해 한 번 더 돌이켜보고 다가갈 수 있게 되었으니까요.

■ **『선생님도 아프다』**(양곤성, 팜파스), **『심리학, 교실을 부탁해』**(양곤성, 우리교육)

처음 양곤성 선생님의 『선생님도 아프다』를 읽었을 때는 모든 '아픈 교사'가 저인 것 같아 괴로웠습니다. 자식에게 받은 상처를 애써 부모이기에 감내하는 수많은 부모처럼, 학생에게 받은 상처를 애써 선생이기에 버텨내던 '나'가 이 책에 있었습니다. 『심리학, 교실을 부탁해』는 분석심리학, 인간주의 심리학, 인지주의 심리학, 진화심리학, 뇌과학 등으로 바라본 교실의 모습이 세세하게 다뤄져 있어 교대에서 배우지 못했던 여러 철학적 기반을 다지는 데 큰 도움이 되었습니다.

■ **『교사가 교사에게』**(이성우, 우리교육)

대한민국의 지성이라고 회자되는 고故 신영복 교수의 『감옥으로부터의 사색』을 읽는 듯한 기분이 드는 책입니다. 교사가 떠나야 할 교육이라는 방랑길을, 나무에서 숲, 숲에서 나무의 시선으로 담담하게 술회해나가는 그 과정에 성찰의 깊이가 느껴져 읽을 때마다 감탄했습니다.

■ **『마음과 마음을 잇는 교사의 말공부』**(천경호, 우리학교)

때때로 교사는 아이들의 말에 말문이 막힐 때가 많습니다. 왜냐면 그 말들이 인간 본성의 핵심을 간파하는 예리함일 때도 많기 때문이지요. 마음의 여유가 없는 교사는 "어디서 그런 말을 해!"라든지, "그런 거 아니야"라며 때로 학생의 정서와 생각을 억압하거나 축소합니다. 그러나 이 책은 교사라는 한 지성인이자 어른이 어떻게 아이들을 성찰과 교육의 길로 인도해야 하는지 선생님의 실천학을 통해 보여주는 명저예요.

■ **『지혜로운 교사는 어떻게 학부모 상담을 하는가?』**(이상우, 지식프레임)

학교에서는 학부모라는 예기치 않은 복병 때문에 스트레스를 받을 일이 많지요. 그러나 학부모에게 기계적으로 대하거나 지나치게 친절하게 대하는 등 어느 한쪽에 치우친 대응이 지속된다면, 문제가 터졌을 때 교사는 곤란에 빠질 수밖에 없고, 대응에도 제한이 많아집니다. 이 책은 말 그대로 '그냥 교사'가 아닌, '지혜로운 교사'가 되기 위해 우리가 어떤 태도를 가져야 할지, 학부모 상담은 물론 학생지도에도 도움이 됩니다.

감정코칭의 아이·학부모 유형

몇 해 전 실천교육교사모임 주관 〈교사가 만들어가는 교육 이야기〉 행사에서 『마음 흔들기』(지식프레임)의 저자 서준호 선생님의 심리극을 본 적이 있습니다. 학교 현장에는 담임 교사를 둘러싼 수많은 '연결'이 있지요. 서준호 선생님의 심리극에서는 그 '연결'을 긴 천으로 묘사합니다. 어떤 천은 그저 부드럽게 연결되어 있지만, 문제가 되는 것은 담임 교사를 흔드는 강한 천입니다. 교사를 휘젓는 그 천을 쥔 아이는 쉽게는 '문제아'라고 불리지만, 어떤 아이건 이유 없이 문제를 일으키는 아이는 없기에 '문제행동이 있는 학생'이라고도 일컫습니다. 최근에는 속된 말로 'VIP'라는 용어를 쓰기도 하지만, 감정코칭에서는 '체제거부형 아이'라고 불리는 아이들이지요.

감정코칭의 아이 유형

감정코칭에서는 아이를 세 유형으로 나눕니다. 전체의 약 40%를 차지하는 순둥이형, 15%를 차지하는 대기만성형, 마지막으로 10%를 차지하는 체제거부형입니다. 약 35%는 어떤 유형에도 들어가지 않아요.

순둥이형은 교사들이 흔히 만나는 '착한' 다수의 아이예요. 이 아이들은 내외의 자극에 격렬하게 반응하는 편은 아니라, 문제가 생겨도 교사가 무난히 대응할 수 있습니다. 그 때문에 친구나 교사와도 무난한 관계 형성이 가능합니다.

대기만성형은 교실에서 간혹 만나는 '느린' 몇몇 아이들로, 그 요인이 심리적이건, 정서행동 요인에 의한 것이건, 학습이나 활동을 할 때 다소 뒤처지는 면이 있어서 교사와 또래집단의 도움이 필요해요. 교사는 필요한 경우 위Wee센터 등을 통해 이 학생들을 이해할 수 있는 진단도구를 활용할 필요가 있어요. 학생이 가진 심리적·정서행동적 고유의 특징을 이해하면, 학생의 속도와 성향에 맞춰 학습 내용과 도구를 제공할 수 있기 때문이지요. 이 학생들은 '교사의 도움이 필요한' 경우이기 때문에 교사가 마음을 급하게 먹지만 않는다면 충분히 지도가 가능해요.

많은 교사가 가장 어려움을 겪는 경우가 바로 체제거부형 아이들을 만났을 때예요. TV 프로그램 〈금쪽같은 내 새끼〉의 오은영 교수는 이 아이들을 '까다로운 아이difficult child'라고 말해요. 이런 체제거부형 아이는 틀에 갇히는 것을 아주 싫어합니다. 기존 질서에 순응하기를 거부하고, 자신만의 독특한 방식으로 새로운 시도를 해보는 것을 좋아하는데, 재밌는 것은 이러한 특징 때문에 사회의 리더 중 체제거부형이 많다고 합니다.

체제거부형 아이들은 본인이 교실의 에너지를 주도하길 원합니다. 교실에 약 10% 존재하는 이 아이들로 인해, 교사가 가진 권위나 권력이 흔들리는 경우가 많지요. 교사가 가진 에너지가 100이라면, 50 이상의 에너지가 이 아이에게 쏠리고 있는 것이죠. 교사는 남은 50의 에너지로 다른 아이들을 대할 수밖에 없어요. 이런 상황에서 교사는 당연히 초조하고 불안하며, 안정감이 흔들립니다. 이런 교사의 불안정감은 학급경영에 상당한 영향을 끼치기 마련이지요.

감정코칭의 학부모 유형

앞에서 말한 심리극 상황으로 돌아가보면, 이 천을 쥐고 교사를 휘두르는 사람이 아이가 아니라 학부모일 때는 더욱 어려움이 많아요. 이런 학부모는 감정코칭에서 말하는 '축소전환형 부모', '방임형 부모', '억압형 부모'의 성향을 강하게 띨 가능성이 크기 때문이지요.

축소전환형 부모는 아이의 감정을 간단하게 무시하거나 축소하는 유형입니다. 이 유형은 기쁨, 즐거움, 행복 같은 감정은 좋은 감정이라 여기지만, 두려움, 화, 분노, 슬픔, 외로움, 우울 등은 나쁜 감정으로 여겨요. 이 때문에 학교에서 학생과 관련된 어떤 민원이 발생했을 때 "뭘 그런 걸 가지고 그러냐"라며 교사와 피해자 학생의 감정 또한 축소할 여지가 커요.

억압형 부모는 축소전환형 부모처럼 아이의 감정을 무시하는 것에서 더 나아가, 아이의 감정을 더욱 엄하게 질책합니다. 부정적 감정을 느끼지 않도록 강한 성격으로 키워야 하고, 빨리 부정적 감정을 없애 올바른 행동을 가르쳐주어야 한다고 믿지요. 이런 학부모에게 교사는 아이 상담을 하기가 쉽지 않아요. 아이의 문제행동을 또 다른 억압을 통해 제어할 여지가 크기 때문이죠. 일시적으로 아이의 문제행동을 감소시킬 수는 있지만, 지속적이지도 않고 건강한 방법은 아니기 때문에 아이를 위한 해결 방법을 함께 모색하기 힘듭니다.

방임형 부모는 억압형과 축소형 부모와는 다르게 자녀의 감정을

학부모 유형 구분을 할 때 주의점

학부모 유형의 구분은 학부모에 대한 이해의 폭을 넓히기 위해서입니다. 하지만 중요한 것은 이것이 선입견과 편견의 기제로 자리 잡지 않아야 한다는 점입니다. 자칫 교사 스스로 학부모의 유형을 섣불리 단정 지으며 문제를 왜곡하고 회피할 수 있기 때문이에요.

교육기본법 제13조 2항에 따르면, "부모 등 보호자는 보호하는 자녀 또는 아동의 교육에 관하여 학교에 의견을 제시할 수 있다"라고 되어 있습니다. 학부모가 의견을 제시했을 때 그것을 무조건 '축소전환형'이다, '억압형'이다, '방임형'이다, '몬스터 페어런트'다, '헬리콥터 부모'다 단정 짓는 것은 위험한 확증편향이 될 수 있어요. 학부모의 요구가 상식 범위에 있거나, 교육적으로 타당한 이유를 설명하는 경우에는 그들의 요구가 정당할 수 있습니다. 그 학부모로 인해 느끼는 감정을 기준으로 삼기보다 '이것이 교육적으로 옳은 일인가'를 기준으로 생각한다면, 조금은 그 정당성을 판단하는 데 도움이 됩니다.

인정합니다. 그러나 어떤 감정이건 허용하는 것이 문제입니다. 즉, 문제행동마저 지도하지 않고 포용해버리기 때문에 자녀의 행동을 좋은 방향으로 이끌어주지는 못해요. 이런 학부모를 만나면 교사는 건너지 못할 벽을 만난 것처럼 답답함을 느낍니다. 어떤 문제건 "그럴 수도 있죠"로 치부하고 자신의 자녀를 감싸려 들기 때문이에요.

그러나 감정코칭형 부모는 이들과 다릅니다. 이들은 아이의 감정을 인정하고 수용하며 애착 형성을 하는 것과 동시에, 아이가 잘못된 언행을 하면 단호하게 지도합니다. 이런 학부모는 교사와의 상담에서 평정심을 일정하게 유지하는 편이기에, 아이의 안전과 교육적 성장에 초점을 두고 대화를 풀어갈 수 있지요.

교실 이해도를 넓히는 교실 페이즈 0~4단계

일본의 교육자 무코야마 요이치는 학교 등 교육기관에 대해 자기중심적이고 불합리한 요청을 하는 부모를 '몬스터 페어런트monster parent'라고 지칭했어요. 동명의 TV 드라마가 제작되어 화제가 되기도 했고요. 게다가 몬스터 페어런트의 아이가 몬스터 칠드런이나 몬스터 대학생이 되어 새로운 문제를 일으키기도 했습니다. 미국에는 비슷한 용어로 '헬리콥터 부모helicopter parent' 용어가 있는데, 아이의 교육이나 취업 등에 대해 과보호나 간섭의 태도로 상공에서 정지 비행하는 헬리콥터에 비유한 말이지요.

체제거부형 아이에게 이미 에너지 50을 빼앗긴 교사가 이런 몬스터 페어런트나 헬리콥터 부모에게 나머지 에너지 30을 뺏긴다면, 결국 교사에게 남은 에너지는 20밖에 없습니다. 이 에너지마저 관리자와의 관계, 동료 교사와의 관계, 학생지도, 생활지도, 학습지도에 쓰인다면 결국 교사는 탈진할 수밖에 없어요.

이렇게 번아웃burnout된 교사의 교실에서는 어떤 일이 벌어질까요? 다음 표는 일본의 교토교육대학 가타야마(2019) 교수가 제시한 '학교 규율의 페이즈phase'를 '교실 페이즈'로 살짝 변형해본 것입니다. 여기서 페이즈는 단계를 뜻해요.

1-3. 교실의 페이즈 0~4단계

교실 페이즈	교실 상태	아이들 상태	교사 상태
페이즈 0	활기차며 안정된 교실	- 수업이나 전체 활동에 적극적인 목표를 가지고 참가하며, 자기효능감이 충만함 - 자신에게 기대되는 것이 무엇인지 알고 있으며, 스스로 문제를 해결하려 고 함	- 교사는 학교 생활에 자긍심을 가지고 있음 - 교사는 학생들이 주체적으로 행동하기 쉬운 환경을 설정함 - 교사는 학생들을 지지함
페이즈 1	안정된 교실	- 수업이나 전체 활동에 스스로 참여함 - 자신에게 기대되는 행동을 행할 준비가 됨	- 약간 형식화된 면이 없지 않아 있으나, 교사는 리더십이 있으며 학생지도 체계가 명확함 - 교사는 현 생활지도 체계에 대해 크게 불만이 없음
페이즈 2	엉망이 될 징후가 보이는 교실	- 전체 활동이 교사의 지시에 의한 것이 많으며, 아이들의 주체성이 없음 - 수업 중 잠자거나, 교실 이탈, 다른 사람을 바보 취급하는 언행, 등교거부 등이 희미하게 표면화하기 시작함 - 스스로에 대한 기대를 자각하기 힘듦	- 학생을 힘으로 누르려는 의식이 강함 - 학생지도 체계가 서서히 기능을 잃음 - 교사는 심각한 위기감을 느끼지 못함

페이즈 3	엉망인 교실	– 수업 중 잠자거나, 교실을 이탈하는 학생 일부가 보임, 왕따도 조금 있음 – 수업 중 잡담이 많으며, 수업 성립이 어려움 – 불만이 피어오르고 있음	– 교사의 리더십 및 카리스마가 없음 – 교사는 서서히 위기감을 자각하기 시작함
페이즈 4	붕괴한 교실	– 지각이나 왕따, 폭력행위가 일상화돼, 등교거부가 많음 – 쉬는 시간과 수업 시간을 나누기 힘들며, 수업이 성립되지 않음 – 불만에 가득 차 있음	– 아이들은 각자 멋대로 행동하나, 교사는 개의치 않고 수업을 진행함 – 교사가 지쳐 있음 – 교사는 퇴직이나 이직을 희망하며 정신적 질환이 반복됨

4년차까지 저는 페이즈 2에서 페이즈 3, 4로 가는 과정을 몇 번이고 반복했어요. 그러나 5년차에 다시 담임 교사가 되었을 때는 상황이 조금 달라졌지요. 지난 1년간 잃어버린 나를 찾는 시간과 내려놓는 시간을 가져서일까요? 혹은 여러 연찬이 효력을 봐서일까요? 여러 복합적인 요인으로 이 시기에 저는 −100이었던 에너지를 어느 정도 회복해 여유를 가지고 아이들을 마주할 수 있었습니다. 또 체제거부형 아이나 몬스터 페어런트 학부모에게서 에너지를 뺏기지 않고 보전할 수 있는 내면의 힘이 조금 더 생겨났습니다.

이 책을 읽는 교사들도 알겠지만, 교사라는 직업은 수많은 바람에 흔들리는 나무입니다. 학생이 만드는 바람, 학부모가 만드는 바람, 업무가 만드는 바람, 동료 관계가 만드는 바람, 관리자가 만드는 바람……. 그 바람에 꺾이지 않으려면, 뽑히지 않으려면 무엇이 가장 중요할까요? 맞습니다. 바로 뿌리의 힘입니다.

사실 내면의 원뿌리는 유년 시절의 영향을 많이 받습니다. 지크문트 프로이트Sigmund Freud의 정신분석 이론에서도 어린 시절의 경험, 특히 부모와의 상호작용 경험이 성격 형성의 기초를 이룬다고 강조하지요. 하지만 유전학에 따르면 부모가 만들어낼 수 있는 유전자 조합은 대략 70조 개로, 지금까지 살았던 인류의 수보다 수조 배 더 많은 조합이라고 해요. 즉, 일란성 쌍둥이를 제외하고선 거의 모든 사람이 유전적으로 독특하다는 것이죠(데니스 오닐, 2013). 아무리 부모가 주는 후천적 '성격'의 영향이 크다 한들, 우리가 고유하게 보유한 선천적 '기질'의 영향도 그에 못지않다는 것이죠. 나라는 사람이 태어날 때, '부모와의 관계'라는 아주 굵은 원뿌리 옆에 '기질'이라는 원뿌리가 하나 더 있고, 그 두 뿌리를 중심으로 '성격'이라는 크고 작은 뿌리가 생겨나 끝없이 나선형의 변화를 만들어내는 것입니다.

이 시기에 여러 연찬을 했지만, 제게 가장 큰 도움이 됐던 것은 이러한 내 뿌리에 대한 고민이었습니다. 나라는 사람은 어떤 사람인지. 어떤 욕구를 품고 어떤 재능을 가졌는지. 그리고 나와 부모님의 관계, 즉 유년 시절 내 '내면 아이'는 어땠는지. 내 뿌리를 몰랐을 때는 막연했던 것들이, 뿌리를 알게 되니 좀 더 명료해지는 것을 느낄 수 있었어요. 내가 나에 대해 가지는 존재감과 확신감이 제 뿌리를 더 강하게 만들었던 것입니다. 그 뿌리 덕에 학교의 수많은 바람에도 흔들리지 않는 내면의 힘을 가질 수 있었지요.

이러한 뿌리를 단단하게 만드는 것과 동시에 교실의 분위기를 좌지우지하는 학생, 그리고 학부모에 대한 이해도도 높여야 합니다. 그들을 이해할 수 있는 지식이 늘어날수록 그에 대한 교사의 대처법과 그 상황을 바라보는 태도는 달라지겠지요. 내리는 비에 '거참, 기분 한번 울적하네' 하기보다 '참 운치가 좋네'라고 생각을 바꿀 수 있듯이, 문제행동을 일으키는 아이와 방어기제로 똘똘 뭉친 학부모를 바라보는 시선을 바꾸면, 이해의 범위가 달라지면 많은 것이 바뀝니다. 호미로 막을 것을 가래로 막는 일도 줄어듭니다.

교사는 이렇듯 안과 밖으로 아는 것이 많은 만큼 여유가 생깁니다. 그러니 자신에 대한 높은 성찰은 물론, 학생과 학부모의 심리적 양태에 대해 부단히 공부하고 고민할 수밖에 없습니다. 그것이 교사로서의 자신의 성장과 이어지기도 하니까요.

3장

학생 이해도를 높이는 바탕 이론

연차를 거듭하며 제가 더는 흔들리지 않았던 배경에는 여러 가지 책과 경험에서 터득한 교사 철학과 마인드셋이 있었어요. 그중 이성우 선생님의 『교사가 교사에게』(문학과지성사)에 나오는 이야기는 그 뿌리 중 하나입니다.

예전과 달리 요즘 아이들은 정말 다루기 힘듭니다. 장난치는 아이, 거짓말하는 아이, 서로 싸우는 아이, 숙제 안 해오는 아이 등 여러 종류의 말썽꾸러기들을 대하면서 교사는 하루에도 수십 번 끓어오르는 부아를 참아야 합니다.

이런 아이들도 사랑으로 대해야 한다고 말하지는 않겠습니다. 저 자신이 그렇게 못하기 때문입니다. 대신 저는 후배 선생님들에게 '아이들을 사랑하기'보다는 '아이들을 덜 미워하기'를 권고하고자 합니다.

저는 이 글귀를 읽고 큰 충격을 받았습니다. 아이들을 사랑하지 않아도 된다니. 저에게 교사로서 대해야 하는 '사랑'이라는 단어는 괴로운 것이었습니다. 신규 시절, 아이들을 보더라도 부모의 마음이 되지 못했기 때문이죠. 아이들을 보며 "귀엽다", "사랑스럽다" 말하는 선생님들이 부러웠고, 맞지 않은 신발을 신고 있는 것처럼 불편했어요.

학생과 함께 교사가 크는 성장형 마인드셋

최근 몇 년간 상담 예능으로 유명해진 TV 프로그램 〈금쪽 상담소〉에서 한 연예인의 사연을 접한 적이 있어요. ADHD가 있는 둘째 아들의 양육에 대한 어려움 때문에 방송에 출연한 그는 아름다운 외모를 가졌음에도 세수할 때조차 제 모습을 보지 않는다고 했어요. 거울 속 자신의 모습을 보고 싶지 않기 때문이죠. 그런 그에게 패널 오은영 박사는 다음과 같이 말해요.

자식을 위해 불구덩이에 뛰어드는 엄마라도 1년 365일 아이의 모든 순간이 좋고 예쁘지만은 않아요. 엄마는 늘 자식을 사랑하지만, 인간이기 때문에 찰나의 순간에 버겁기도 하고 어떨 때는 후회도 됩니다. 그러고 나면 그 뒤에 오는, 내가 엄마로서 이런 생각을 하면 안 되는데, 하는 엄마로서의 근원적인 죄책감이 있거든요. 이런 것들이 생활 속에서 아이 양육이 너무 힘들면 쌓여요. 그걸 받아들이고 인정하면 너무 버거운 감정이잖아요.

○○ 씨에게 엄마로서의 ○○○은 정말 중요한 부분이고 열심히 하고 계시지요. 이것과 상반되는 다른 감정이 내 마음을 스치고 지나간다는 것조차도 인정하기가 어렵기 때문에, 혹시 거울을 볼 때 그런 자신의 내면이 보여 그런 면을 자각하고 느끼면 인간 ○○○이 너무 힘들 것 같아요. 그래서 어쩌면 ○○ 씨가 거울을 보는 게 어렵지 않을까 조심스럽게 생각해봅니다.

그의 사연이 교사의 그것과 다르지 않다고 생각합니다. 어쩌면 저 또한 그가 아이에게 그랬듯이, '교사이기 때문에 아이들을 사랑해야 한다'라는 절대준칙을 가지고 있었는지도 모르지요. 그런데 아이들을 사랑하지 못하자 그가 거울을 보기를 거부한 것처럼, 저 역시 나를 비추는 무수한 거울인 아이들을 바라보고 싶지 않았던 것인지도 모릅니다.

결국 저는 이 책을 읽으며 아이들을 완전히 사랑하지 못하는 제 자신을 받아들이기로 했습니다. 그리고 다음 문장을 새로운 준칙으로 받아들였지요.

사람을 덜 미워하기 위해서는 그 대상에 대한 이해의 폭을 넓히는 것이 절대적으로 요구됩니다. 교사는 아동을 이해하는 만큼 덜 미워할 수 있다 하겠습니다.

학교라는 공간에는 교사의 에너지를 소모시키는 수많은 흐름이 존재해요. 학교 밖 교사 개개인의 삶에서도 그렇습니다. 소진된 교사는 아이들을 사랑하기 힘듭니다. 그렇지만 '아이들을 이해하는 길'을 걷기 시작하면 교사가 가지는 정신적 부담감은 반으로 줄어듭니다.

대안교육 이론에서는 우리 인간이 '통합'과 '확산' 에너지를 모두 가지고 있다고 말해요. 통합의 에너지에서는 어떤 결과를 만나 하나가 되길 갈망합니다. '사랑'의 에너지와 비슷하지요. 하지만 확산의 에너지에서는 그 현상의 원인을 알고 풀어헤치길 갈망합니다. 이것은 흡사 '이해'와 비슷합니다.

비록 교실에서 온전히 사랑의 에너지를 발휘하기에는 당장 교사의 에너지를 소진하는 수많은 상황이 방해해서 힘들지도 몰라요. 지금의 학교 공간은 대한민국이라는 사회 안의 수많은 욕망이 투사된 집합체라, 사랑하기엔 여유가 부족할 수 있어요. 그러나 확산의 힘, 이해의 힘은 다릅니다. 이해는 우리가 아이들에게 사랑으로 나아가는 것을 방해하는 수많은 부정적 에너지를 해체하는 힘이 있습니다. 또한 여러 가지 이론과 방법론을 통해 이해의 수준을 높여간다면, 이

것은 교사의 '심리적 낙상'을 막는 지식의 에어매트가 되어줄 수 있겠지요.

사실 교사에게 '도대체 저 애는 왜 그러는 거야? 이해가 안 돼! 저 애나 학부모나 이해하고 싶지 않아!'라는 감정적 접근, 고정적 마인드셋은 도움이 되지 않습니다. 잠깐의 감정해소에만 보탬이 될 뿐, '까다로운 아이들'을 만날 때마다 좌절과 회피만을 불러오겠지요.

'도대체 저 애는 왜 그러는 걸까? 원인이 뭐지? 저 애나 학부모를 둘러싼 진동이 어떻길래 이런 반응을 하는 걸까? 저 사람들을 이해하려면 어떤 이론이 필요할까?'라는 이성적 접근, 성장형 마인드셋이 더욱 필요합니다.

의학 드라마를 보면, 어떤 병변을 가진 환자의 처치에 대해 여러 과의 의사가 한자리에 모여 진단하고 어떤 처치를 할지 머리를 맞대고 고민하는 장면이 종종 등장해요. 교사 또한, '교육의 전문가'가 되고 싶다면 학생의 문제행동을 진단하고, '담임 교사'의 범위 안에서 할 수 있는 처치에는 어떤 것이 있는지 답하고 행할 수 있어야 한다고 생각합니다. 물론 폐병변을 가진 환자를 혈관외과 의사에게 처치하라고 하면 어려우니, 이럴 때는 여러 전문의의 협업이 필요하지요. 마찬가지로 교사 또한 홀로 감당하기 버거운 일에는 동료 교사, 부장 교사, 관리자, 위센터, 교육청에 적극적으로 도움을 구할 필요가 있습니다.

지나친 교육 활동 침해행위를 당했을 때

앞서 말한 '아이를 이해하는 성장형 마인드셋'도 중요하지만, 어디까지나 교사가 소진되지 않는 지속 가능한 환경, 교사의 존엄이 훼손되지 않는 건강한 환경을 전제로 합니다. 이 때문에 지나친 교육 활동 침해행위에 대해서는 단호해질 필요가 있습니다.

2020년 6월 개정 시행된 〈교원의 지위 향상 및 교육 활동 보호를 위한 특별법〉(약칭:교원지위법) 제15조에 따르면, "소속 학교의 학생 또는 그 보호자 등이 교육 활동 중인 교원에 대하여 다음 각호의 어느 하나에 해당하는 행위(이하 '교육 활동 침해행위'라 한다)를 한 사실을 알게 된 경우에는 즉시 교육 활동 침해행위로 피해를 입은 교원의 치유와 교권 회복에 필요한 조치(이하 '보호조치'라 한다)를 하여야 한다"라고 명시되어 있어요.

1. 「형법」 제2편 제25장(상해와 폭행의 죄), 제30장(협박의 죄), 제33장(명예에 관한 죄) 또는 제42장(손괴의 죄)에 해당하는 범죄 행위
2. 「성폭력범죄의 처벌 등에 관한 특례법」 제2조 제1항에 따른 성폭력 범죄 행위
3. 「정보통신망 이용촉진 및 정보보호 등에 관한 법률」 제44조의7 제1항에 따른 불법정보 유통 행위
4. 그 밖에 교육부장관이 정하여 고시하는 행위로서 교육 활동을 부당하게 간섭하거나 제한하는 행위

또한, "관할청은 교육 활동 침해행위로 피해를 입은 교원이 요청하는 경우, 교육 활동 침해행위가 관계 법률의 형사처벌 규정에 해당된다고 판단하면 관할 수사기관에 고발하여야 한다"라고 쓰여 있습니다. 실제로 2022년 2월 인천시교육청이 수업 중인 교실에 들어가 여교사를

폭행한 학부모를 교권 침해행위로 경찰에 고발한 사례가 있어요. 아쉽게도, 법이 시행된 지 얼마 안 된 데다 학생, 학부모의 권리에 비해 상대적으로 교사의 권리는 축소되어 있는 상황이기 때문에 관할청에서 교사에 대한 교육 활동 침해행위에 대해 적극적으로 대처한 사례는 아직 손꼽을 정도입니다. 막상 이런 일을 당했을 때 교사 혼자서는 대처하기가 매우 어렵습니다. 교사노조, 교원단체 등에 미리 가입해 관련 정보를 꾸준히 접하되, 교사 자신의 권리를 주장하고 싶을 때 적극적으로 도움을 요청하면 좋습니다. 그 외에 지역 교권치유센터에도 전담 변호사, 전담 상담사 등이 있으니 적극적으로 활용하세요.

학생 이해를 돕는 삼위일체뇌 이론과 욕구 5단계설

앞에서 말했듯이, 저는 2019~2022년까지 〈신규교사 함께서기〉라는 카카오톡 멘토링방을 운영했어요. 거기서 광주교대 박남기 교수의 말을 자주 인용했지요. 박남기 교수의 책 『최고의 교수법』(쌤앤파커스)에는 이런 구절이 나옵니다.

버지니아대학교의 심리학자 조너선 하이트는 저서 『행복의 가설』에서, 우리의 감성적 측면이 코끼리라면 우리의 이성적 측면은 거기에 올라탄 기수라고 표현한다. 코끼리에 올라탄 기수가 고삐를 쥐고 있기 때문에 리더로 보이지만, 실은 진행 방향에 대해 코끼리와 기수의 의견이 불일치할 때면 언제나 코끼리가 이긴다는 것이다.

교실 현장에서 신규교사들이 자주 간과하는 것이 있지요. 여러분이라면 아이들 내면에 있는 코끼리와 기수 중 어떤 대상에 먼저 말을 걸고 싶은가요? 되돌이켜보면, 저 또한 코끼리가 아닌 기수에게 먼저 말을 거는 우를 자주 범했던 것 같습니다. 코끼리가 마구 날뛰고 있으면 아무리 고삐를 잡고 있는 기수라 한들 힘을 못 쓸 텐데도요.

여기서 '기수'는 이성을, '코끼리'는 감정을 뜻해요. 흔히 인간에게는 이성과 감정의 두 날개가 있다고 하지요. 하지만 미국의 신경과학자 폴 맥린Paul D. MacLean에 의하면, 이는 옳지 않은 말입니다. 이유는 뇌의 3단 구조에 있어요. 이 이론을 삼위일체뇌triune brain 이론이라고 해요.

이 이론에서는 지구 생명체의 뇌가 뇌간, 변연계, 대뇌 순으로 발달해 왔기 때문에 상위뇌(대뇌)가 하위뇌(변연계, 뇌간)에 지배당하는 것은 어쩔 수 없다고 말합니다. 이것을 심리학자 A. 매슬로A. Maslow의 욕구 5단계설과 연결 지어 교실 환경을 설명해볼게요.

1-4. 삼위일체의 뇌

사람의 뇌 구조

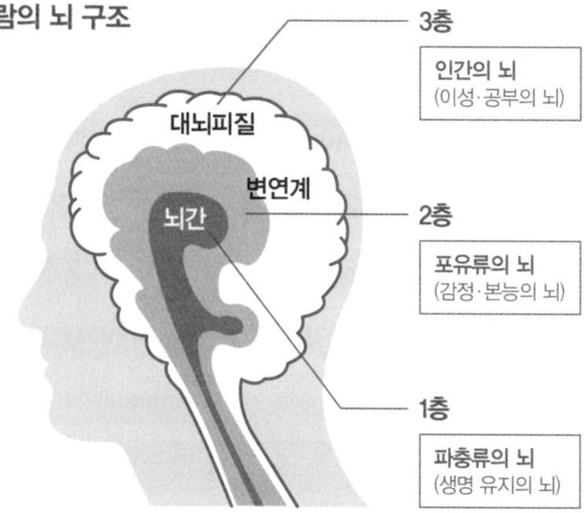

파충류의 뇌와 생리·안전의 욕구

파충류의 뇌인 뇌간은 매슬로의 욕구탑 중 1층과 2층인 '생리적 욕구', '안전 욕구'와 연결되어 있습니다. 화장실에 가고 싶어 하는 아이들의 생리적 욕구나, 교실에 말벌이 침입해 안전 욕구가 위협당했을 때 아이들이 수업에 집중하지 못하는 것은 다들 경험적으로 알고 있을 거예요. 이것은 파충류의 뇌가 활성화되었기 때문인데, 신경전달물질인 아드레날린을 분비해 도망칠 준비를 하기 위함으로, 안전을 보존해 생명을 유지하기 위한 중요한 메커니즘이지요. 아이들의 파충류 뇌가 활성화되었다고 느낄 때, 교사는 아이들이 느끼는 불편감을 해소시킬 필요가 있습니다.

특히 이 파충류의 뇌는 포식자나 어떤 위협에 부닥쳤을 때도 유심히 관찰해야 하는 부위예요. 도마뱀이 포식자나 적을 만났을 때, 동공이 확장되고 혈액순환이 빨라지거나 느려지며, 몸이 굳는 것을 자연 다큐멘터리 프로그램에서 봤을 겁니다. 이런 반응을 경직-도피-투쟁 반응이라고 해요. 교감신경에서 고농도의 아드레날린이 분비되고 심박수가 증가해 신체의 힘과 속도를 상승시킴으로써 위기 상황에서 투쟁, 혹은 도망치기 위해 내장된 방어 메커니즘의 일종이지요.

아이들이 교사에게 혼날 때 가장 먼저 작동하는 것이 파충류 뇌의 경직-도피-투쟁 반응이에요. 일단 아이들은 선생님의 부름에 경직 반응을 보여요. 선생님의 꾸지람에 감당하지 못하는 스트레스와 위협을 느끼면 '도피' 혹은 '회피' 반응까지 보이며 대화를 거부하기도 하지요. 종국에는 본인이 대적해봄 직한 교사에게는 '투쟁' 반응까지 보이지요. 아이가 파충류의 뇌에 머무른 상태, 경직-도피-투쟁 반응에 있는 상황에서는 교사의 지도가 올바르게 성립할 수 없습니다.

그렇기 때문에 훈육을 마음먹었을 때는 아이들의 비언어를 제일 먼저 살펴봐야 해요. 표정, 몸의 경직 정도나 혹은 불안감을 표현하는 제스처 등을 먼저 살핀 후 경직-도피-투쟁 상태가 아니라고 판단될 때 대화를 시도해야 합니다. 심리학자 앨버트 메라비언Albert Mehrabian 교수에 따르면, 우리의 의사소통에 언어가 미치는 영향은 불과 7%에 불과해요. 즉, 상대방의 호감을 결정하는 것은 시각언어가 55%, 청각언어가 38%일 정도로 비언어의 영향이 막강하다는 것이죠. 경직-도피-투쟁 상태에 있는 아이들은 선생님을 설득하고 내 편으로 만들 만한 언어를 구사하기 힘든 경우가 많지요. 이 때문에 교사는 아이의 비언어를 주의 깊게 관찰해 내면에 숨은 메시지를 파악하기 위해 노력해야 합니다.

또한 아이가 교사의 부름을 긍정적으로 인식할 만한 긍정 경험 축적을 돕는 것도 중요합니다. 아이들은 교사가 자신을 부를 때, '아, 선생님이 날 혼내려나보다' 무의식적으로 판단하는 경우가 많아요. 교사의 '부름'이 꼭 부정적인 것만은 아니라는 긍정 경험을 만들어줘야 이 경직-도피-투쟁 반응의 역치를 높일 수 있지요.

그래서 저는 훈육할 때 외에도 의도적으로 아이들을 부르는 경우가 많습니다. "호두야, 선생님이 이런 고민이 있는데 어떻게 하면 좋을까?"라든지, "살구야, 아까 선생님이 보니까 집중력이 엄청나던데. 정말 대단해!"라든가, "호두 오늘 너무 잘생겼어!" 하는 식이지요. 처음에는 혼날까봐 긴장 일색이던 아이들도 이러한 긍정 경험을 통해 '선생님이 나를 필요로 하는구나' 하며 한껏 근육이 이완된 열린 상태로 부름에 응하는 것을 알 수 있어요.

이처럼 교사가 아이들의 생리적 욕구, 안전의 욕구를 충족시켜 파충류의 뇌를 비활성화시켰을 때, 아이들의 뇌는 다음 단계인 포유류의 뇌를 활성화시키기 시작합니다.

포유류의 뇌와 사회적 욕구

포유류의 뇌, 즉 변연계는 매슬로의 욕구탑 중 3층인 사회적 욕구와 연결되어 있어요. 인간의 사회적 욕구, 즉 타인과 연결되고 싶다는 욕망입니다. 아이들이 또래 친구와 싸운 뒤나, 관계가 뒤틀린 후에 학습에 집중하지 못하는 모습은 교실 현장에서 흔히 목격할 수 있는 모습인데, 이는 3층 대뇌가 활성화되기 전 이미 2층 변연계가 활성화된 상태이기 때문이지요.

변연계는 감정중추인 편도체와 동기중추인 측좌핵, 기억중추인 해마가 있기 때문에 아이들의 학습이 시작되는 곳이기도 해요.

변연계의 편도체는 희로애락의 관문으로, 우리의 감정을 좌지우지하는 도파민과 세로토닌 등의 신경전달물질을 분비하기에, 편도체가 활성화되는 학습을 할 때 학습에 대한 아이들의 효율은 더 향상돼요. 강한 감정을 느끼면 행복 호르몬인 도파민이 편도체를 통해 뇌에 분비되고, 이는 대뇌의 여러 영역에 도파민 샤워를 시켜 더 강한 시냅스의 연결, 즉 뇌신경세포인 뉴런의 연결을 더욱더 단단하게 만들기 때문이지요.

아이들이 학습 중 자꾸 다른 친구들과 잡담하거나, 장난을 치는 것도 이 편도체의 영향이 크다고 할 수 있어요. 교사의 '수업'은 대뇌 중심 학습입니다. 하지만 이 대뇌 중심 학습으로는 흥분 호르몬인 도파민 분비가 어렵지요. 아이들은 친구와의 소통으로 도파민을 강하게 분비한 뇌내 기억이 있기 때문에, 이들이 수업 시간에 집중하지 못하는 것을 때때로 이해해줄 필요가 있습니다. 또한 친구들과 감정적인 갈등을 겪을 때는 편도체가 이것을 스트레스로 판단해 우리 체내의 스트레스 호르몬인 코르티솔 등의 분비를 촉진해요. 이 때문에 아이들은 '편도체 납치' 상태가 되어 학습에 집중하지 못할 수 있으니, 교사는 교실 속 갈등 상황에 대해 언제나 섬세하게 반응해야겠지요.

학습에 있어 변연계의 측좌핵이 담당하는 동기중추도 매우 중요해요. 심리학자 미하이 칙센트미하이가 그의 책 『몰입』에서 말한 것처럼, 도전의식을 부여하는 +α의 과제와 그에 걸맞은 실력을 갖췄을 때, 학생들의 학습효능감은 높아지고 몰입도는 커집니다. 그런 과제를 만났을 때 측좌핵이 활성화되며, 도파민 등 흥분 호르몬을 분비해 학습자의 학습 속도, 정확도, 인내, 끈기를 끌어올리기 때문이지요.

단기 기억 장치인 해마도 중요해요. 해마는 장기 기억을 위한 전송 센터이기 때문에 아이들 학습에 있어 해마를 활용한 학습법은 오래전부터 언급되어왔어요.

인간의 뇌와 인정·자아실현의 욕구

마지막으로, 인간의 뇌, 즉 대뇌는 매슬로의 욕구 5단계설 중 4, 5층인 인정 욕구, 그리고 자아실현의 욕구와 연결되어 있어요. 매슬로에 따르면, 인정 욕구는 존경·자존의 욕구라고도 불리는데, 자신이 가치 있는 존재라는 인정을 받고 싶은 욕구예요. 이러한 인정 욕구가 있기에 인간은 노력하고, 끝없는 성장을 갈망한다고 해도 무리가 아니지요.

이 인정 욕구가 충족됐을 때, 자기 자신의 잠재력을 최대한 발휘하려는 자아실현의 욕구가 나타납니다. 인간은 다른 동물에 비해 유독 이 인정 욕구와 자아실현의 욕구에 목을 맵니다. 아마도 인간이 다른 동물에 비해 대대적으로 진화시켜온 대뇌의 영향력이 아닐까요. 이제 막 이 지구에 도착한 우리 아이들은 성인보다 더 강력한 인정 욕구를 가지고 있어요. 그것이 점차 자아실현의 욕구로 확장되는 것이지요.

『사회적 뇌』(시공사)의 저자인 미국 캘리포니아대학교 심리학 교수 매튜 D. 리버먼Matthew D. Lieberman은 "우리가 사회적 보상을 느낄 때 분비되는 도파민이, 수업 시간에 전전두피질의 효과적인 통제를 촉진하여 더 좋은 성적으로 이어진다고 볼 수 있다"라고 말합니다.

그렇기 때문에 교사는 아이들 뇌의 1층, 즉 파충류의 뇌(뇌간)가 안정됐다면, 2층에 있는 변연계(감정의 뇌)를 활성화해야 합니다. 이를 위해서는 학생과 학생을, 교사 자신과 학생을, 그리고 배움과 학생을 연결해 사회적 보상을 느끼게 할 여러 장치가 필요해요. 그리고 이 연결 속에는 여러 긍정 경험이 반영되어야 하고요. 그래야 편도체가 공포에 지배당하는 것이 아닌, 동기중추인 측좌핵, 대뇌의 전전두피질과 함께 쾌락 호르몬인 도파민을 분비해, 기억저장 장치인 해마와 측두엽, 더 나아가 고등지능을 담당하는 대뇌의 전두엽을 활성화해서 학습을 돕기 때문이지요.

근 수년간 초등 현장에 여러 가지 바람을 가져온 프로젝트학습, 온작품 읽기, 연극 수업 등 학생의 삶-감정 연계교육 또한, 변연계의 여러 영역에 긍정적 감정을 유인해 시냅스를 강화하고 대뇌 기능을 강화하는 교육이지요. 뇌과학으로 보나, 매슬로의 욕구 5단계설로 보나 유효한 방법이라고 생각합니다.

아이들을 꽃피우는 자기결정성 이론

신규교사 시절, 아이들에게 제 마음을 들켜서는 안 된다고 생각했습니다. 교사를 만만하게 여기고, 교사의 권위를 훼손시킬 것이라 여겼던 거지요. 이 때문에 아이들과 적당한 거리를 두고 카리스마를 보여주면 다 따라올 거로 생각했습니다. 그러나 교사로서 연차를 쌓아가며 그것은 큰 착각이라는 것을 깨달았습니다.

학급긍정훈육에는 "훈육 이전에 관계connection before correction"라는 말이 있어요. 훈육 이전에 관계를 먼저 형성하라는 뜻이지요. 왜 그래야 하는지 두 가지 이론을 통해 살펴볼게요.

먼저 미국 로체스터대학교 심리학과 교수 에드워드 데시Edward Deci와 리처드 라이언Richard Ryan의 자기결정성 이론self-determination theory입니다. 이 이론에 따르면, 인간은 3가지 기본 욕구를 가집니다.

- 자율성autonomy : 스스로의 삶에 심리적 자유와 자기선택권을 가지는 것
- 유능성competence : 어떤 일을 해낼 수 있는 능력이 있음을 느끼는 것
- 관계성relatedness : 다른 사람과 상호작용하고, 연결되고, 기여하고 있다고 느끼는 것

이들은 이 세 가지 욕구를 통해 인간의 내적 동기가 강화된다고 주장해요. 재밌는 것은, 내적 동기가 부여된 행동에 대해 새롭게 외적 보상이 제공되면 아이들의 내적 동기가 줄어든다는 점이지요. 이는 외부 보상에 의해 인간의 다른 욕구 중 하나인 자율성이 훼손되기 때문이에요. 반대로, 자율성을 부여하는 상황에서는 참가자의 선택이 늘어나기 때문에 내적 동기가 증가하는 것을 이 연구에서 확인할 수 있었습니다. 또한 아이들에게 예상치 못한 긍정적인 피드백을 주어 유능감을 느끼게 했을 때, 내적 동기는 증가하고 외적 동기는 감소했다고 해요. 특히 주목할 점은 아이들에게 일정한 안정감과 주변 인물인 친구, 그리고 교사와 일정한 관계성을 충족시키게 했을 때 이 내적 동기가 더욱더 강화되었고요.

1-5. 영화 〈위플래쉬〉 포스터와 영화 〈죽은 시인의 사회〉 포스터

유능성, 자율성, 관계성의 함의

영화 〈위플래쉬〉는 일류 드러머가 되고 싶은 주인공 앤드루와 수단과 방법을 가리지 않고 천재를 육성하고 싶은 플레처 교수의 이야기를 다룹니다. 이 영화에서 플레처 교수는 무한경쟁을 통해 주인공의 유능성을 끌어내려 했어요. 반면 자율성과 관계성은 극도로 억압하고 깔아 뭉개지요. 비록 '최고'를 부르짖으며 앤드루의 유능성을 극한까지 끌어올리는 시도는 성공하지만, 그것이 과연 지속 가능한 것인지, 앤드루와 플레처 교수의 미래 행복에도 끝까지 유효할 것인지 의문일 따름입니다.

반면 로빈 윌리엄스 주연의 영화 〈죽은 시인의 사회〉는 다릅니다. 자식에 대한 기대치가 높은 부모들과 명문학교라는 틀 안에서 자율성과 유능성이 억압되어 있던 아이들에게 키팅 교수는 완전히 다른 모습으로 다가갑니다. 기존 수업의 틀을 깨고 아이들에게 친숙한 방식으로 관계성을 쌓고, 그들의 유능감과 자율성을 끌어내요. 아이들은 하나같이 눈을 반짝거리며 죽어 있던 자아를 발견합니다. 영화 속 등장인물 닐은 "드디어 내가 원하는 걸 찾아냈어!" 외치며 친구 토드에게 환희에 들떠 선언하기도 합니다.

이 영화 〈죽은 시인의 사회〉야말로 자기결정성 이론의 정수를 보여줬다고 생각해요. 아이들은 자신을 있는 그대로 인정해주는 키팅 교수, 그리고 친구들과 아주 두꺼운 관계성을 형성해요. 이런 관계성을 바탕으로 스스로 하고 싶은 것을 찾아내는 자율성이 꽃피고, 그 자율을 행함으로써 유능감까지 획득할 수 있었던 게 아닐까요?

자기개시의 확장, 조해리의 창

두 번째로 소개할 것은 조해리의 창Johari Window 이론입니다. 미국 심리학자 조지프 루프트Josepth Luft와 해링턴 잉엄Harrington Ingham이 주창한 자기이해·관계이해 이론으로, 두 학자의 이름을 딴 이론이에요. 가로축으로는 자신이 아는 부분과 자신이 모르는 부분, 세로축으로는 남이 아는 부분과 남이 모르는 부분이 나뉘어져 있어요.

	자신이 아는 부분	자신이 모르는 부분
다른 사람이 아는 부분	개방의 창	맹점의 창
다른 사람이 모르는 부분	비밀의 창	미지의 창

1-6. 조해리의 창

이 네 개 변인을 기준으로 크게 개방의 창, 비밀의 창, 맹점의 창, 미지의 창이 나뉘어 있어요.

- 개방의 창open area: '자신도 알고 다른 사람도 아는 자신의 성질'로, 개방의 창이 넓을수록 자신의 내면이나 능력 등을 타인이 알 수 있도록 표현하고 있다는 뜻입니다.
- 비밀의 창hidden area: '자신은 알고 있지만 다른 사람은 모르는 자신의 성격'입니다. 이 창이 넓을수록 내부에 숨겨진 부분이 많은 것으로 여겨지는데, 이 창에는 의도적으로 표현하지 않은 것도 포함되지만, 자신의 개성을 무의식적으로 잘 표현할 수 없는 지점도 포함됩니다.

- **맹점의 창**blind area: '자신은 모르지만 다른 사람은 알고 있는 자신의 성격'입니다. 이 창이 넓으면 자신에 대한 분석이나 이해가 어렵다는 것으로, 그래서 이 창은 자신에 대한 이해를 높이는 데 도움이 될 수 있어요.
- **미지의 창**unknown area: '자신이나 다른 사람 모두 알지 못하는, 아직 개발되지 않은 성격'입니다. 이 창은 새로운 것에 도전하거나 깨달음을 얻으면서 새롭게 개발될 수 있어요. 이 창을 개발하면 개방의 창, 맹점의 창, 비밀의 창 중 어느 하나에 새롭게 더해집니다.

조해리의 창이라는 낯선 이론을 갑작스레 꺼내든 것은, 교사라는 직업이 어찌 보면 '개방의 창을 넓혀가는 과정의 연속'이라는 생각이 들었기 때문입니다.

앞서 언급한 자기결정성 이론에서 관계성의 중요성을 언급했습니다. 저는 관계성을 '마음과 마음에 다리를 놓는 것'이라고 비유하곤 합니다. 즉, 관계성을 회복한다는 것은 이성에 '요구'하는 것이 아닌, 감정으로 '다가가는' 작업이지요. 조해리의 창에서는 비슷한 개념으로 내가 상대방에게 마음을 열고, 상대방 또한 나에게 마음을 열 때 내 마음의 숨겨진 공간(비밀의 창)이 줄어들고 열린 공간(개방의 창)이 늘어나며, 이를 위해서는 자기개시가 필요하다고 분석해요.

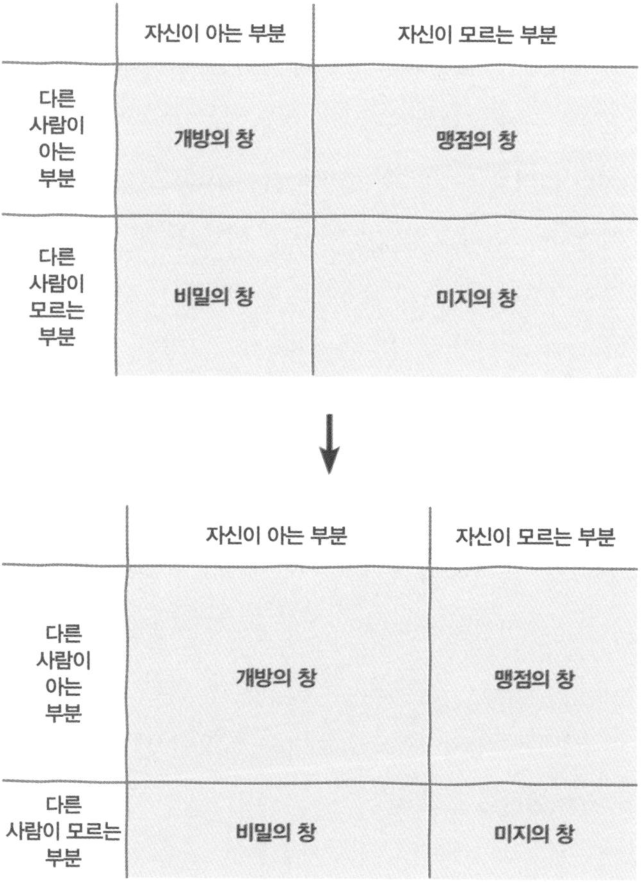

1-7. 개방의 창이 확장된 조해리의 창

친분 관계가 약한 사람에게는 아무래도 마음을 열기가 어렵기 마련이지요(비밀의 창이 넓은 상태). 본능적 방어 메커니즘을 담당하는 파충류의 뇌가 가장 먼저 작동하기 때문에 극히 자연스러운 부분입니다. 하지만 취미가 무엇인지, 재밌게 본 드라마나 영화는 무엇인지, 국내 여행지 중 가장 인상 깊었던 곳은 어디였는지 교집합을 이룰 수 있는 부분부터 차근차근 이야기를 나눈다면, 서서히 비밀의 창에 있던 이야기까지 꺼낼 수 있는 관계가 됩니다(개방의 창이 넓은 상태).

어쩌면 초등학교라는 공간은 교사의 자기개시가 가장 쉽게 시작되는 공간임과 동시에, 그렇지 않다는 이중성을 가진 공간이기도 해요. 일단 이 시기 아이들은 자기 자신을 어느 정도 표현할 수 있는 언어 수단을 가짐과 동시에 개방의 창이 큽니다. 본능적으로 자기개시를 실천하는 셈이지요. 아이들의 그런 순수한 본능에 교사들은 사랑스러워 어쩔 줄 몰라 하는 한편, 크게 상처받는 일도 빈번합니다. 마음과 마음의 다리가 이어지는 빈도가 잦지만 동시에 그 다리가 끊길 여지가 가득 존재하는 것이죠.

영화로 보는 조해리의 창

영화 〈아메리칸 셰프〉는 진정한 요리인의 행복에 관한 이야기이지만, 아들과 아버지의 이야기이기도 해요. 주인공 칼은 유능한 셰프이지만, 이혼 후에는 아들과 가끔 만나 무미건조한 소통만 하는 재미

없는 아버지예요. 그의 아들 퍼시는 계속해서 아버지와 소통하고자 마음의 창문을 두드리지만, 개방의 창이 좁디좁은 아버지는 도통 아들과 소통하려 들지 않지요. 그런 아버지를 바라보는 아들 퍼시의 눈동자에는 항상 실망과 답답함이 가득해요.

1-8. 영화 〈아메리칸 셰프〉 포스터

극 초반, 칼은 레스토랑 오너와의 갈등으로 일자리를 잃어요. 그는 아내의 제안으로 쿠바 샌드위치 푸드트럭에 도전하는데, 아들과 함께 장사를 시작하면서 요리라는 공통분모가 생기고 비로소 건강한 자기개시를 시작하지요. 과거에는 철저히 마음의 문을 닫은 채 아버지로서 아들에게 일방적인 '요구'만 하던 불통의 관계에서 아들과 자신의 감정과 경험을 나누며 함께하려는 소통의 관계로 거듭나게 된 것이죠.

막 장사를 시작하기 전 시범작으로 무료 쿠바 샌드위치를 배식하던 중, 아들 퍼시가 대충 태워버린 빵을 손님에게 건네려고 하자 칼은 퍼시를 따로 불러 이야기해요.

> 내 인생의 좋은 일들은 다 이 일 덕에 생겼어. 내가 뭐든지 잘하는 건 아니야. 난 완벽하지 않아, 최고의 남편도 아니고. 미안하지만 최고의 아빠도 아니야. 하지만 이건 잘해. 그래서 이걸 너와 나누고 싶고, 내가 깨달은 걸 가르치고 싶어. 요리로 사람들의 삶을 위로하고, 나도 거기서 힘을 얻어. 너도 해보면 빠지게 될 거야.

만약 이 상황에서 칼이 "어떻게 태워 먹은 빵을 손님에게 건넬 생각을 해?" 하면서 일방적으로 화만 냈다면, 퍼시의 개방의 창은 닫히고 말았을 테지요. 하지만 상대방이 열린 자세로 받아들일 수 있는 '건강한 자기개시'와 자신의 경험담으로 전달력을 높이는 '경험적 자기개시'를 하자 아들도 자연스레 요리인으로서의 아버지의 삶을 이해했고, 자신의 개방의 창을 함께 확장하기 시작했습니다.

교사와 학생의 대화도 마찬가지이지 않을까요? '교사'로서 나의 정체성만을 아이에게 강요하고 요구하는 것보다, 아이와 나의 공통분모를 찾고 함께 개방의 창을 넓혀가는 작업에서 자연스레 관계성이 확보될 것입니다.

자기개시 외에도, 아이들에게 "선생님에게 혹시 놓친 것이 있다면 알려줄래?"라며 피드백 요청을 한다거나, "선생님이 놓치는 부분이 있을 수도 있으니 함께 찾아보자"라며 관찰 공유를 통해서도 개방의 창을 더욱 넓혀갈 수 있겠지요.

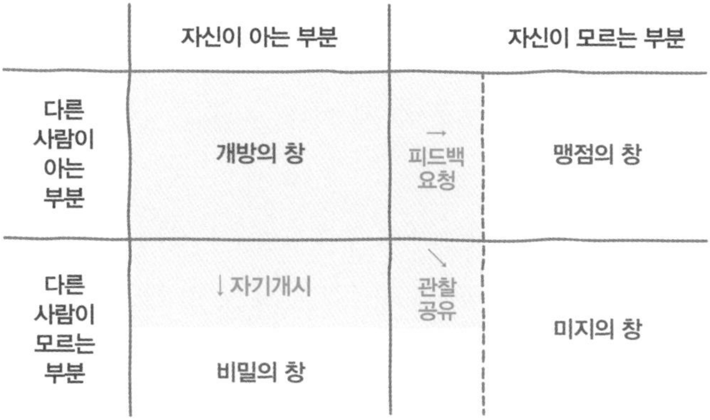

1-9. 개방의 창을 넓히는 방법

또한 다음의 1-10처럼 MBTI나 다중지능 검사, LCSI 성격검사, 애니어그램 등 다양한 검사 프로그램을 통해 '자신이 아는 부분'을 넓혀간다면, 개방의 창을 넓히기 위한 선결 준비를 마친 셈입니다.

성격 유형 검사				
MBTI(무료)	다중지능 검사 (무료, 크롬 번역기 사용)	애니어그램 (무료)	LCSI (유료)	성인애착유형 검사(무료)

1-10. 성격 유형 검사

자신을 잘 알아야 다른 사람을 이해할 수 있는 폭이 더 넓어진다는 게 조해리의 창 이론의 또 다른 시사점이니, 모두 힘을 내어 시도해 보기를 바랍니다.

한때 '교육백화점'이라는 말이 우스갯소리로 떠돌 때가 있었습니다. 교사역할훈련, 학급긍정훈육법, 123 매직, 비폭력 대화, 회복적 생활교육…… 다양한 이론과 기법이 난립했고, 학교 현장은 매일 새로운 이론을 연수와 장학 등을 통해 받아들이기 바빴습니다. 그러나 현장에서는 회의적인 목소리도 심심치 않게 들렸지요. 그대로 실천했더니 도리어 '학급붕괴'라는 역풍을 맞았다는 이야기가 나오기도 했습니다.

교육백화점이란 말에서 떠올릴 수 있듯, 그 브랜드가 나와는 맞을 수도, 그렇지 않을 수도 있습니다. 지피지기知彼知己면 백전백승百戰百勝

이라고 했지요.

중요한 것은 내가 어떤 사람이고, 어떤 교사인가, 누구를 만나고 있는가 하는 문제입니다. 신규교사들이 '나는 어떤 사람인가'를 먼저 안 후에, '나는 누구의 앞에 서야 하는가'를 이해했으면 하는 마음에서 1부에서는 여러 가지 이론을 소개했습니다. 내가 어떤 사람인지를 알아야, 나에게 어울리는 옷, 즉 여러 기법도 선택할 수 있고, 누구의 앞에 서야 하는지를 알아야 이들과 교육적으로 성장할 수 있는 길을 좀 더 현명하게 모색할 수 있으니까요.

그러나 제일 좋은 길은, 무슨 기법이나 어떤 이론이 아닌, 교사 스스로의 실천 경험이 쌓여서 선생님 자체가 브랜드가 되는 것이라고 생각합니다. 곧 교단에 설 신규교사들의 행복한 승리를 기대합니다.

2부

교사의 원칙과 개성이 이루는
학급이란 소우주

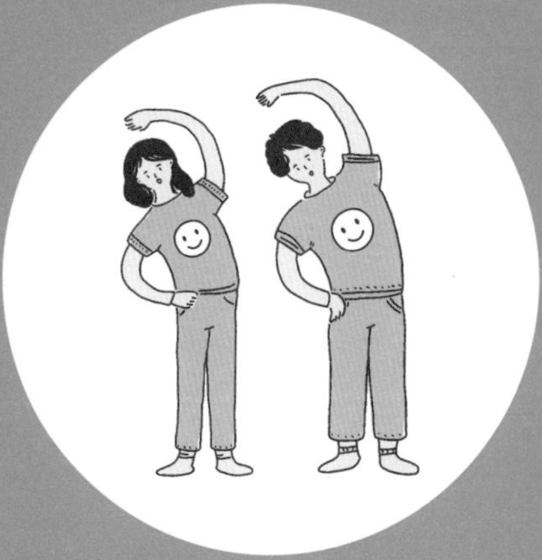

학급경영

1장

학급경영을 위한 기본기

대한민국 남쪽 끝에서 학급명 '다·알·자'를 7년째 경영하는 교사입니다. 지금도 늘 길을 찾고, 다양한 이론과 방법론을 적용해보고 있지요.

예전에 임용 공부로 한창 스트레스받을 때, 저는 가끔 새로운 자극을 얻기 위해 현장 일선에서 먼저 근무하고 있는 교대 동기들을 만나 이야기를 들었습니다. 이야기를 듣다가 저렇게 학급에서 해봐야지, 설렘도 느꼈습니다. 특히 제가 관심을 가지게 된 분야가 바로 학급경영이었습니다.

학급경영은 '학급에서 교육 목적을 위해 운영하는 모든 활동'으로 요약할 수 있습니다. 그렇다면 학급경영의 중심이자 주체인 교사는

1년 동안 어떤 교육적 목적을 가지고, 어떤 활동을 할 것인지 구체적으로 고민할 필요가 있겠지요.

학급경영이야말로 교사의 핵심적 활동

저 역시 제가 경영해나갈 학급의 가치와 지향점을 좀 더 명료화하고 싶었고, 거기에서부터 출발하자고 생각했습니다. 그래서 교사가 된 후 사용하기 시작한 것이 바로 학급명입니다.

제 학급명 '다·알·자'는 임용 준비 기간을 포함해, 담임 교사 10년의 경험을 통해 완성된 저만의 학급 이름으로, '다름을 알고 함께 자라는 우리'의 줄임말입니다.

매해 저는 학생들을 만나는 설레는 첫 시간을 우리 학급명의 의미를 나누는 데 할애합니다.

애들아, '다·알·자'의 의미가 어떤 것인지 알겠니?

(슬라이드를 넘기며) 첫 번째 의미는 '서로의 다름을 이해하자'야. 너희들은 오늘 새로운 반에서 새로운 선생님과 새로운 친구들을 만났지? 서로의 모습, 성격, 자란 환경이 다르지만 우리는 1년간 함께 지내야 해. 때론 다투기도 하고 미워할 때도 있겠지만, 선생님은 너희들이 서로의 다른 모습을 이해하고 배려하는 가운데 성장하길 바란다.

학교에서는 다양한 행정 업무를 요구하지만, 무엇보다도 학급경영이야말로 교사에게 중요하고 핵심적인 활동입니다. 초중등교육법에도 '교사는 법령에서 정하는 바에 따라 학생을 교육한다'라고 되어 있지, 행정 업무 의무를 부여하고 있지는 않습니다. 수업, 학습지도, 생활지도 그리고 그것을 아우르고 이어주는 학급경영이야말로 교사 본연의 업무입니다.

그런데 이렇게 중요한 학급경영을 어떤 체계도 없이 되는 대로 하다보면, 문제 상황이 발생했을 때 막막하고 길을 잃을 수 있습니다. 학급경영이 흔들리면 다른 것도 함께 흔들리고, 추진력이 떨어질 수 있지요.

물론 순간의 판단이 필요한 문제도 많습니다. 하지만 찰나의 판단이 학급경영에 예상 이상의 영향을 줄 수 있기에, 평소 다양한 고민을 통해 교사마다 자신만의 학급경영관을 정립하는 일은 너무나 중요합니다.

2부에서는 교사의 학급경영을 더욱 풍부하게 해줄 여러 가지 사례를 제 경험에 비추어 소개하고자 합니다.

몇 년 전 저와 함께한 학생들과 1년간 나무 아래에서 봄, 여름, 가을, 겨울을 배경으로 찍은 사진 콜라주부터 소개합니다(다음 쪽 사진). 사진과 영상을 특색으로 삼아 학급경영을 하는 제게는 특별히 기억에 남는 사진 중 하나지요. 짧은 1년간 이 아이들과 얼마만큼의 희

2-1. 다·알·자 학급의 사계절

로애락을 나눴을지 짐작이 가나요? 스승의 날, 교사를 위한 이벤트를 위해 새벽부터 등교하는 학생들을 보며 기쁨을 느낄 때도 있었고, 다양한 체육 활동이나 학급 특색활동을 하며 "아, 교사가 되길 잘했어!" 하고 행복해할 때도 있었지요.

하지만 교사의 길은, 학급경영의 길은 결코 녹록지 않지요. 상담을 통해 서로의 마음을 털어놓았다고 생각한 바로 다음 날, 담임 교사인 제 뒷담화를 하는 아이들을 보며 실망한 날도 있었고, 다시는 친구를 괴롭히지 않겠다던 아이가 또다시 다른 학생을 밀어 크게 다칠 뻔한 날에는 엄청난 분노를 느꼈던 적도 있었습니다.

배신감에 분노한 날도 많았지요. '우리 아이를 왜 이렇게 촬영했냐?'라는 어이없는 학부모 민원을 받은 날이었습니다. 엎친 데 덮친 격으로 교육청까지 민원이 들어가 장학사가 학교까지 찾아와 교장 선생님과 함께 면담하던 그날, 그때는 정말 학생 교육 활동을 다시 촬영하지 않겠다며 펑펑 울기도 했답니다.

교사에게는 1년간 정말 다양한 상황이 발생합니다. 모든 순간에 흔들리지 (않을 수 없지만, 최대한) 않으면서 목적지(종업식 날)까지 무사히 도착하는 게 모든 교사에게 필요한 여정입니다. 이런 여정을 위해 평소 고민해온 몇 가지 생각을 나누고 싶습니다. 이런 생각이 앞으로 1년간 학급에서 학생들과 함께 맞이하는 다종다양한 상황에서 교사의 결정에 도움을 주며, 우리 교사들을 지켜줄 수 있다고 생각하며, 또한 그럴 수 있기를 희망합니다.

필수 1 : 흔들리지 않는 교사의 판단 갖추기

어떤 학급을 경영하고 싶은가요? 학생들과 잘 지내고 싶은가요?

이 두 가지 질문 사이에서 줄타기하다보면, 다음과 같은 상황에서 고민에 빠질 수 있습니다.

■ **사례 1**

학생 ㄱ: 선생님! 옆 반은 지금 파티하는데요? 우리 반도 하면 안 되나요?

학생 ㄴ: 맞아요, 선생님! 우리 반도 해요!

교사 : 음…….

■ **사례 2**

교사 : 오늘은 우리가 과학 시간에 태양의 고도 변화를 관찰하는 실험을 해보려고 합니다.

학생 ㄷ: 오늘 너무 더운데요? 안 하면 안 되나요?

위와 비슷한 상황, 이제 자주 만나게 될 상황일 겁니다. 이런 상황에서 교사가 학생들의 반응에 당황해 계획을 수정하거나 생각하지 않았던 행동을 하면, 학생들은 선생님을 쉽게 판단하게 됩니다. 학생들이 교사를 테스트하는 경우가 종종 있는데, 이런 테스트는 주로 3월에 발생하지요. 교사가 어디까지 허락하는지 선을 측정해보는 거라고 할까요?

하지만 이때 명심할 것이 있답니다. 수업 시간에 다른 활동을 하고 싶은 유혹을 느끼는 학생도 있지만, 평소 선생님과의 신뢰를 바탕으로 꾸준히 수업을 진행하는 것을 원하고 바라는 학생이 더 많다는 사실입니다. 절대 흔들리지 말고, 원래 계획대로 학급을 경영했으면 합니다.

제 경우에는 사례 1 상황에서 "그럼 너희 둘은 옆 반으로 가렴!" 하고 분위기를 환기한 후 다시 수업을 진행하지요. 나중에 이 학생들은 개인적으로 불러 욕구를 들어준 뒤, 반마다 상황이 다를 수밖에 없다는 점, 그렇지만 교사가 노력할 수 있는 것을 물어보고 알려줍니다.

사례 2 상황에서는 학생들 이야기가 타당하다는 전제하에, 날씨를 보고 너무 덥다 싶으면 활동 부담이 조금 줄어드는 환경을 만들어준다든지, 제가 가지고 있는 우산(몇 개 마련해둡니다)을 양산처럼 활용하도록 배려하면서 끝까지 활동할 수 있도록 격려합니다.

또 다른 상황도 있습니다. 평소 저는 학생들에게 5분 전 수업 준비를 강조하고, 최대한 지키도록 지도합니다. 점심 시간을 마치고 시작하는 5교시는 특히 미리 준비할 것을 강조하는데, 그날 평소 착실하고 다른 학생에게도 모범이 되는 학생이 수업 시간에 늦게 들어왔어요. 다른 반 친구들과 학예회 공연을 위해서 방송댄스 동아리 연습을 하다가 늦게 들어온 것이죠. 당시 제가 맡은 반은 수업에 늦었을 경우, 팔 벌려 뛰기 10개라는 학급 규칙을 정해놓은 상태였어요(지금은 학급 규칙으로 정한 간접체벌이라도 민원이 들어올 수 있으니 주의하기 바랍니다).

이때 저는 어떻게 했을까요? 조금 망설였지만, 두 눈 질끈 감고 팔 벌려 뛰기 10개를 시켰습니다. 다른 학생들의 눈빛에서 '오?'라는 눈빛을 읽은 날이었지요. '웃픈' 사실은 그다음 날부터 교원능력개발평가 기간이었고, 저는 '우리 반 선생님은 차별한다'라는 2건의 평가 문장을 받았지요. 그 대신 '우리 반 선생님은 공정하다'라는 평가도 다수 받았습니다.

예시로 든 세 가지 사례를 볼 때, 가장 중요한 것이 무엇이라고 생각하나요?

맞습니다. 학급경영에서 가장 중요한 것은 흔들리지 않는 교사의 판단이라는 것입니다. 분명히 교사로서 흔들리는 날이 있을 겁니다. 이유 없이 교무실에서 질책당하고 교실로 와서 수업해야 할 때도 있고, 점심 시간에 받은 학부모 민원으로 인해 그 학부모의 자녀가 너무나 보기 싫을 때도 인간적으로 있겠지요. 그러나 흔들리지 않고 학급경영을 이어나간다면 분명 선생님의 그 마음을 지지하고 이해해주며 따르는 학생들이 든든한 응원군이 되어줄 것입니다.

필수 2 : 재미와 의미를 담은 나만의 교육철학 갖추기

다음 사례는 제가 직접 경험한 일을 각색한 것입니다. 드라마를 보다가 괜찮은 장면이라서 쓰고 싶었는데, 그 드라마를 학생들이 찾아서 다 볼 수도 있다는 생각을 미처 하지 못했던 것이지요. 학교 선생님들과 이야기하며 실수를 사전에 막을 수 있었어요.

이런 사례는 모든 교실에서 발생할 수 있습니다. 학생들에게 신선한 자극을 줄 수 있는 수업자료 제시는 분명 중요해요. 특히나 공개

교사 ㄱ: 제가 요즘 보는 드라마가 학교폭력에 관해 깊이 다루고 있어요. 수업에 활용하기에도 너무 괜찮은 것 같아요.

교사 ㄴ: 그 드라마 15세 미만 시청불가 아니에요? 너무 폭력적이거나 선정적인 장면이 있지 않을까요?

교사 ㄷ: 어? 저도 그거 봤는데, 그런 장면이 조금 있었어요. 그럼 수업에는 사용하기 힘들 거예요.

교사 ㄱ: 수업에 잠깐만 언급하려고 했는데, 그래도 안 되나요?

교사 ㄴ: 학생들이 내용이 궁금해서 찾아볼 수도 있습니다. 아쉽지만 다른 영상을 찾아보는 게 좋을 거예요.

교사 ㄷ: 선생님! 최근에 본 영화가 있는데, 아이들이 이해하기 쉬운 장면이 있어요. 그걸 활용하면 어떨까요?

수업에서 영상을 활용해 동기유발을 하는 이유도 여기에 있죠. 하지만 교사는 수업과 학급경영에 있어서 재미를 고민함과 동시에 더 중요한 의미를 담아야 합니다. 학생들과 함께 과자파티나 라면파티를 할 수도 있겠지요. 그러나 충분한 고민 없이 단순한 재미나 그냥 좋을 것 같아서 하기보다는 "이 활동을 왜 하는가?"에 대한 교사의 고민 그리고 학생들과의 공감과 나눔이 필요합니다. 또한 위 사례처럼 동 학년이 함께 교육적인 방향성을 모색할 기회를 가질 수도 있지요.

이러한 상황을 미연에 방지하기 위해 자신만의 교육철학을 갖추는 게 제일 좋습니다. 앞에서 말했듯이 저는 '다름을 알고 함께 자라는 우리'(다·알·자)라는 저만의 교육철학을 정해서 학생들과 규칙을 만들고 활동해 나가고 있어요. 책이나 인터넷 등 다양한 매체에서 수업에 관한 재미있는 아이디어를 기록해두었다가, 제 교육철학이라는 필터에 한 번 걸러 교육적인 의미를 되새겨봅니다. 그러면 어느 정도 재미와 의미를 함께 담을 수 있습니다.

재미와 의미를 함께 담을 수 있는 수업 중 대표적인 게 영화 수업입니다. 저 역시 영화를 활용한 수업이 좋다고 생각해요. 하지만 무분별하게 영화를 보여주다가 민원을 받는 경우도 종종 목격합니다. 그러니 다양한 영화를 보다가 괜찮은 영화를 발견하면 성취기준을 영화 주제에 녹여내는 작업을 해보는 게 좋습니다. 이후 학생들에게 충분히 설명한 뒤 학습지 활동과 함께 수업하는 방식을 추천합니다.

필수 3 : 냉정과 열정 사이, 적당한 균형 잡기

교실에서 우리는 두 가지의 만남을 가집니다. 하나는 학급 구성원인 학생과의 만남입니다. 또 다른 하나는 학생의 보호자인 학부모와의 만남이에요. 흔히 일은 어려워도 하겠지만, 사람이 제일 힘들다는 이야기를 많이 하죠. 학교에서도 마찬가지입니다. 학급의 안과 밖에서 만나는 사람들을 대할 때 어떤 마음가짐이 우리 교사들에게 필요할까요?

학교에 있으면서 세상에나! 싶은 학생들의 모습을 발견하게 될 때가 많습니다. 교사가 하지도 않은 일을 그대로 집에서 이야기하는 학생과 그에 대한 전적인 믿음으로 교사에게 민원 넣는 학부모는 애교 수준이지요. 1~2교시 미술 시간에 칭찬했더니 웃으면서 대답하던 아이가 5교시에 교사의 뒷담화를 하는 걸 발견한 순간도 있었지요.

기간제 교사 시절, 옆 반에서 일어난 일 또한 충격이었어요. 그 반에서 ㄱ학생을 원망하고 비난하는 쪽지가 발견되었고, ㄱ학생은 수치심에 누가 자신을 비난했는지 찾아달라고 요청했습니다. 교사가 일기 검사를 통해 모든 학생의 필적을 조사했지만 발견하지 못했지요. 교사는 혹시나 하고 ㄱ에게 왼손으로 글을 적게 했습니다. 그랬더니 쪽지의 필적과 똑같은 필적이 나왔지요. ㄱ학생이 자기 험담을 스스로 적은 것이었죠. 그것도 왼손으로. 내막을 들어보니, 평소 일 때문에 퇴근이 늦은 부모님 밑에서 자란 ㄱ은 늘 다른 학생들로부터 관심받기를 원했는데, 생각보다 친구들이 자신을 챙겨주지 않자 그런 일을 꾸민 거예요.

이런 학생들(이 대부분은 아니겠지만)과 함께 학급경영을 하기 위해 교사가 점검해야 하는 생각은 냉정과 열정 사이에서 균형을 맞춰야 한다는 것입니다. 열정적으로 학생을 지도해야 하는 것은 맞습니다. 하지만 객관적으로 보면, 학생과의 관계는 유통기한 1년짜리 관계예요. 그럼에도 열정을 다해 그 아이들을 포함한 학급 학생들과 함께하는 것이 교사의 전문성이지요. 이런 균형 잡기는 정신적, 체력적으로 교사를 힘들게 하는 부분입니다. 그러나 우리 교사들이 가져야 할 자세임과 동시에 외부의 비난에서 우리를 지킬 수 있는 원칙이기도 합니다.

때로는 억지 그 자체인 학부모 민원으로 기운이 쫙 빠지는 상황에서도 교사가 해당 학부모의 자녀에게 최소한의 노력을 다해야 한다는 사실은 열정을 가진 교사를 낙담하게 하지요. 하지만 일단 1년간은 그래야 한다는 것을 기억했으면 합니다. 그런데 감사한 게 있지요. 그 1년만 견디면 그 학생과 학부모를 더는 보지 않을 거라는 점도 위로가 된다는 것을 기억하세요!

필수 4 : 서두르지 않기, 학급경영은 1년간의 긴 마라톤

학급경영은 1년간 이어지는 긴 마라톤이라고 생각합니다. 100미터 단거리 달리기라면 고민할 것도 없이 전력질주해야겠지만, 먼 길을 가야 하는 마라톤이기에 적절한 전략이 필요합니다.

최근에 한 TV 프로그램에서 본 '세금 내는 교실'이 기억나네요. 학생과 함께 경제 원리를 배우고 서로에게 주어진 노동의 가치를 알아가는 멋진 방법이라고 생각했어요. 특별히 인상 깊었던 활동이 있었는데, 학생들이 선생님의 몸무게가 오를지 내릴지 예상해 투자 여부

세금 내는 우리 반 아이들

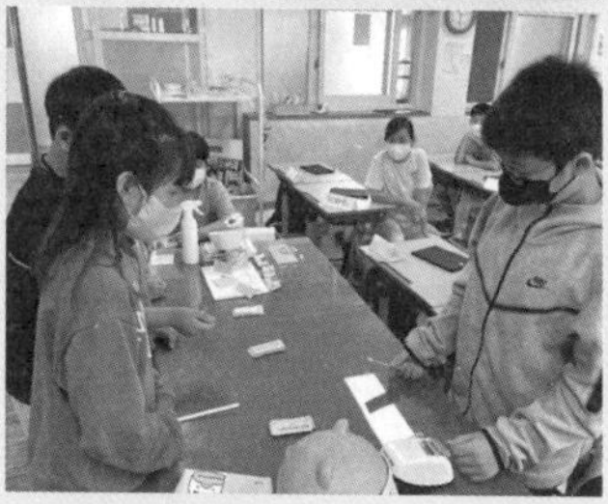

'세금 내는 아이들'은 학생들이 교실에서 돈을 벌고 세금을 내고 예금에 가입하고 주식도 하고 사업도 하고 부동산도 구매하는 등 학급화폐를 활용한 학급경영 방법입니다. 유튜브에 검색하면 실제로 운영하는 교사들의 영상을 볼 수 있어요.

저는 이 학급경영 방법을 응용해 학급화폐를 직접 만들어서 운영하려고 했습니다. 화폐를 만들고, 각자 직업을 나누었는데, 안타깝게도 2학기에 몰려드는 학교 행사로 인해 제대로 진행하지 못하고 흐지부지해졌지요. 장기 학급경영 프로젝트를 할 때는 교사의 확고한 계획이 필요하다는 사실을 다시 한번 느낀 시간이었습니다.

를 결정하는 활동이었지요. 원인과 결과를 예측하고 판단하는 것을 자연스레 익히는 장면을 보며 감탄했습니다.

이영근 선생님의 연수 또한 제게 많은 영향을 주었습니다. 학생들과 함께 기타를 연주하며 고운 노래를 부르고, 원하는 학생에게 기타

연주를 가르쳐주는 활동을 했는데, 그의 학급경영 비법을 더 알고 싶어서 그 선생님의 책을 사서 여러 번 읽고 적용해봤습니다.

학급경영의 비법은 미디어에 나오는 유명한 교사들로부터만 얻을 수 있는 게 아닙니다. 옆 반 선생님에게서도 큰 가르침을 얻을 수 있답니다. 제 첫 근무지에서 만난 옆 반 선생님은 학생들과 함께 차를 마시는 학급경영을 했지요. 학기가 시작되자, 학생들이 조심스레 찻잔을 들고 호호 불어가며 따뜻한 차를 마시면서 선생님과 함께 대화하고, 싸운 친구들이 앙금을 풀어가는 과정을 보며 따뜻함을 느꼈습니다. 동학년협의회도 그 반에서 할 정도였지요. 아무것도 모르던 제가 참으로 인상 깊게 여길 정도로, 그 선생님의 학급경영은 당당함과 자긍심이 높아 보였습니다.

최근에는 한 컨설팅을 통해 그림책을 정말 사랑하는 선생님을 만났습니다. 8~10박스가 넘는 그림책을 매년 교실에 두고 읽으면서 학생들과 꾸준히 문집을 만들며 아이들과 함께 성장하는 선생님의 모습은 그 어떤 선생님보다 열정적이고 존경스러웠어요. 컨설팅의 마지막에 듣게 된 선생님의 이야기가 떠오릅니다. 학기 초에 염세적이던 한 학생이 그림책을 읽으며 나중에는 아프리카에 있는 아이들에게 무언가를 선물하고 싶다는 말을 친구들에게 했을 때 크게 감동했다고 한 담담한 고백은 참여한 모든 교사를 감동하게 하기에 충분했지요.

이러한 학급경영 방식을 듣고 보고 배우다보면 얼른 나도 따라 하고 싶다는 생각이 듭니다. 그러나 성급하게 추진하다보면 실수하는 순간도 많이 생기지요. 이쯤에서 제가 마음 아팠던 순간들도 소개하고 싶어요. 성급하게 따라 하다가 이도 저도 되지 않았던 시간이었습

▪ 사례 1

『에스퀴스 선생님의 위대한 수업』(추수밭)이라는 책을 읽다보니, 앞서 소개한 '세금 내는 교실'과 비슷한 경제 수업이 있었습니다. 이거다! 싶어서 바로 그다음 날 성급하게 학급경영 방식을 따라 하다가 2주일도 실행하지 못하고 흐지부지 끝난 적이 있었지요. 왜 실수했는지 알겠지요? 무턱대고 그다음 날 바로 일을 벌여서였습니다. 다시 떠올려봐도 이불 킥을 하고 싶은 심정이네요. 그 이후로 저는 성급하게 활동을 추진하지 않습니다. 적어도 2주 이상 진행할 수 있다는 생각이 들면 그때 학급에 새로운 프로그램을 투입합니다.

▪ 사례 2

공개수업 참관을 갔어요. 수업의 처음과 끝에 배움노트를 활용하는 선생님의 열정에 감동한 나머지, 그다음 날 바로 아이들을 지지고 볶아 배움노트를 시작했어요. 역시 한 달도 계속하지 못하고 배움노트를 활용하지 않는 저와 학생들의 모습을 보게 됐지요. 역시나 똑같은 패턴이었어요. 배움노트를 효율적으로 활용하기 위해 필요한 단계를 차근차근 밟지 않은 상태에서 무작정 시도한 학급경영 방식은 처참한 실패로 돌아가고 말았습니다.

니다.

글을 쓰며 생각해보니 어떻게 저렇게 제멋대로 당당할 수 있었나? 하는 부끄러움이 생깁니다. 신규교사의 열정으로 모든 것을 할 수 있겠다는 자신감을 가지다가도, 막상 시도해보니 뜻대로 되지 않아 낙담하거나 '나는 못하는구나' 자괴감에 빠진 적이 한두 번이 아니었지요.

처음엔 의욕이 넘쳐서 이것저것 하다가, 아이들 반응도 미적지근하고, 겉보기에만 그럴듯해 보이는 활동이라는 걸 깨닫고 중단하는 경우도 많았습니다.

교사의 열정도 중요하지만, 그것을 일회성 이벤트가 아니라 목적이 담긴 교육 활동의 하나로 심어주기 위해서는 철저한 준비가 필요하다는 사실을 인지하는 냉정함 역시 교사에게 꼭 필요한 덕목입니다.

2장

2월부터 미리 시작하는 신학기 준비

발령 후 새로운 교실에 처음 들어간 날을 떠올려봅니다. 너무도 기분이 좋았는데, 무엇을 어떻게 해야 할지 몰라서 막상 3월이 되니 실수 연발에 아쉬움 가득한 3월을 보냈던 기억이 나네요. 그때를 기억하며 신학기를 맞이하고 준비할 수 있는 세 가지 필수 활동을 간추려 보았습니다.

필수 1 : 교실 구석구석 살펴보기

학급경영 첫날, 부끄럽게도 교실에 스테이플러가 있는지조차 확인하지 않아 무척 난감했던 적이 있습니다. 학기 첫날에는 다양한 안내장이 한 번에 배부되는데, 이때 안내장을 묶어서 나눠줄 때 필요한 스테이플러를 찾지 못해 우왕좌왕했던 제 모습이 떠오르네요. 시간을 돌릴 수만 있다면 가장 먼저 새로운 교실을 구석구석 전부 확인하고 찾아보겠다고 몇 번이나 생각했는지 몰라요.

학교마다 다르겠지만, 교사는 각자 맡은 교실의 인수인계서를 받고 서명하게 됩니다. 서류에는 학급의 비품 목록이 기록되어 있어요. 교실에 올라가서 물품이 정확히 다 있는지 꼭 확인하세요. 예를 들어 책걸상이 20개라고 되어 있는데 걸상이 모자라거나 남을 수도 있고, 옷걸이가 있다는데 옷걸이가 없을 수도 있습니다. 이처럼 교실에 있는 물건 유무를 빨리 파악해서 부족하거나 없는 부분은 미리 확인하는 게 좋습니다. 자신만의 체크리스트를 만들어도 좋고요.

또한 교실의 교구장이나 서랍 구석구석을 다 점검해서 어떤 교구가 어디에 있는지 확인해야 합니다. 학기 초에 자주 사용하는 스테이플러나 가위 같은 기본 교구가 넉넉히 갖춰진 교실도 있지만, 하나하나 문구점에 가서 구매해야 하는 교실이 있을 수도 있거든요. 미리 파악한다면 정신없이 바쁜 학기 초에 여유를 가지고 준비할 수 있습니다. 간단하지만 필요한 일입니다.

학교의 교육계획을 확인해보면 학습준비물, 환경물품, 청소용품, 학급경영비 등 학급에 필요한 예산을 편성해 운영합니다. 큰 학교에서는 그 비용이 적고, 소규모 학교에는 조금 더 많은 금액이 배분됩

학급 비품을 살 수 있는 예산 소개!

▪ **학습준비물**

교육과정 운영계획에 학생의 학습에 필요하다고 판단되는 준비물을 사기 위한 예산.

기본학용품(공책, 연필, 지우개 등) 구입은 지양. 구입 제한 품목이 있으므로 지역 및 학교 지침에서 확인해야 함.

▪ **환경물품**

학급 환경 꾸미기에 필요한 물품 구입을 위한 예산.

▪ **청소용품**

학급 청소를 위해 필요한 용품 구입을 위한 예산.

▪ **학급경영비**

생활교육과 상담 활동, 학급행사, 자료 발간 등 단위학급의 자율적이고 특색적인 교육 활동에 필요한 경비를 보조하기 위한 예산.

| **학급경영비 개산급이란?** |

원래라면 품의 후 결재를 받고 학교 카드로 지출해야 하는 예산을 학급 경영 편의를 위해 개인 통장으로 지급받아 사용할 수 있도록 하는 것. 추후 결산보고서, 영수증과 함께 결과를 보고하면 됨. 개산급이 아닌 학교도 있으므로 학교 측에 확인이 필요함.

(*개산급概算給: '대략적인 금액을 계산하여 지급함'이란 의미)

니다. 교실을 꼼꼼하게 확인해서 필요한 물건을 구매한다면 청소 시간에 빗자루가 부족하다는 학생들의 이야기를 덜 들을 수 있어요.

학급경영에 필요한 꿀템 소개!

최근에 '미니멀리스트'라는 단어를 알게 되었습니다. 필요한 물품을 최소한으로 두고 사는 사람이 세상에는 많습니다. 하지만 저는 학교에서 그러지 못했습니다. 오히려 학교를 RPG 게임의 던전처럼 생각하고, "최대한 아이템을 갖춰두자!" 주장하는 쪽이지요. 몇 년간 학교에서 굉장히 유용하게 사용했던 저만의 꿀템을 소개합니다. 교사들에게 조금이나마 도움이 되면 좋겠습니다.

- **종이 커터기** ☆☆☆☆☆ 자주 사용해요
  A4 종이를 절반으로 자르거나, 학생들이 안내장을 가지고 올 때 자르기 편합니다. 생활용품 매장에서 저렴하게 구매할 수 있습니다.
- **심이 없는 스테이플러** ☆☆☆☆ 있으면 유용해요
  3~4장 정도의 종이를 심 없이 철할 수 있어요. 학습지를 찍어서 나눠주기에 유용합니다. 학생들에게는 환경 수업을 겸해서 용도를 설명합니다.
- **3공 바인더 펀치** ☆☆☆☆ 있으면 완전 편리합니다
  링 바인더를 활용하는 교사에게는 너무나 유용한 꿀템입니다.
- **도장** ☆☆☆☆☆ 학기 말에 감탄할 겁니다
  인터넷을 통해 자동도장을 하나 정도 구비하면 다양한 업무나 활동에서 유용하게 사용할 수 있습니다.
- **납작한 스테이플러** ☆☆☆☆ 없어도 되는데, 한 번 쓰면 다른 것을 못 씁니다.
  일반적인 스테이플러는 많은 양을 겹치는 경우, 종이가 심하게 튀어나오는데요. 납작한 스테!이플러는 이러한 단점을 보완해 부피를 줄

일 수 있어요.

- **라벨프린트기** ☆☆☆ 다양하게 활용할 수 있습니다.
  원하는 글자를 라벨로 만들어 사용할 수 있어요. 학생 소지품에 이름을 붙이게 하거나, 학습결과물에 본인 이름을 붙인다든가, 우수 작품에 투표하기, 교실놀이 활동에서 활용할 수 있지요.
- **모니터 암** ☆☆☆☆☆ 건강도 지키고, 책상 공간도 확보할 수 있습니다.
  모니터를 지지하는 받침대입니다. 책상 공간을 넓게 사용할 수 있으며, 상황에 따라 모니터를 돌리거나 세로로 사용할 수 있게 돕지요. 원격수업 상황에서도 더욱 적절하게 사용할 수 있는 꿀템! 교사의 목 건강에도 아주 좋습니다.
- **무선마우스 키보드 세트** ☆☆☆ 있으면 좋아요
  무선이라 교사 책상을 조금 여유롭게 사용할 수 있고, 공개수업이나 다양한 수업에서 마우스를 들고 다니며 활용할 수 있는 장점이 있습니다.

필수 2 : 교사용 컴퓨터와 주변기기 환경 점검하기

다음 사진은 제 책상 사진이에요. 조금 어수선하지요? 손목과 목 건강을 위해 스탠딩 책상과 높은 의자, 모니터 암 등을 사비로 구매해 3년째 사용하고 있어요. 뜬금없이 웬 책상 사진이냐고요? 바로 교사용 컴퓨터와 주변기기 환경을 미리 점검하는 일도 필수적이기 때

2-2. 교사용 컴퓨터와 주변기기를 갖춘 교사의 책상

문입니다.

시대가 변하면서 미디어 자료를 수업에 사용하는 상황이 늘어나고 있지요. 게다가 코로나19 상황의 변화에 따라 언제든지 원격수업으로 전환될 가능성도 여전히 존재하고요. 수업 중에 다양한 영상이나 슬라이드를 보여주기 위해 컴퓨터와 전자칠판(혹은 TV)이 잘 연결되어 있는지, 리모컨은 정상적으로 작동하는지, 기기 상황을 꼭 미리 확인하길 바랍니다. 몇 가지 체크리스트도 준비했습니다. 교실에 미리 가서 꼭 확인해주세요.

신학기 시작 전 꼭 확인할 교탁·컴퓨터 체크리스트!

▪ **컴퓨터는 잘 켜지는가?**

컴퓨터가 잘 켜지지 않는 때도 있어요. 여러 가지 이유가 있습니다. 전산실무사나 담당 전산업체가 있는 학교라면 미리 말해서 신학기 전에 점검받기를 추천합니다.

▪ **소리는 잘 나오는가? 어디에서 나오는가?**

수업 시간에 다양한 자료를 활용하기 위해서는 미리 소리가 잘 나오는지 점검하는 일이 필요합니다. 교실 구성에 따라 TV(전자칠판)에서 소리가 나오는 경우도 있고, 스피커에서 나오는 경우도 있는데, 어디서 나오는지 확인해서 차질 없는 수업을 해야 합니다.

▪ **TV(전자칠판)와 잘 연결되어 있는가?**

이제 보다 큰 화면으로 학생들에게 수업에 필요한 자료를 제시하는 게 너무 중요해졌습니다. TV(전자칠판)의 위치에 따라 학생의 배치도 적절하게 달라질 필요가 있습니다. 미리 확인하세요.

▪ **듀얼모니터 시스템인가?**

바탕화면 상태에서 윈도 키+P를 눌러보면 모니터 우측 상단에 네 가지 옵션 화면이 뜹니다. 이때 마우스 커서나 P를 반복해 누르면 복제와 확장 중에서 선택할 수 있어요. 복제는 TV(전자칠판)와 교사 모니터에 동일한 화면이 뜨는 상태이고, 확장은 TV(전자칠판)와 교사 모니터를 따로 사용할 수 있는 상태입니다. 상황에 따라 적절하게 활용할 수 있어요. 최근의 상황으로 듀얼모니터 환경은 더욱더 중요해지지요. 정보부장 교사에게 요청해서 모니터를 하나 더 얻어도 좋습니다. 이때 조금 전 안내한 꿀템 중 하나인 모니터 암과 함께 사용한다면 금상첨화입니다.

■ 외부 입력(노트북 등)을 사용할 수 있는 상황인가?

학급경영을 하다보면, 외부 강사를 초빙해 교실에서 수업할 때가 있어요. 이때 랩톱(노트북)을 가져오는 때도 있습니다. 주로 강의용 PPT에 저작권이 있기 때문인데요, 외부 강사가 마음 놓고 강의할 수 있도록 랩톱과 TV(전자칠판)를 연결할 수 있게 준비하면 됩니다. TV 뒷면이나 전자칠판의 앞이나 옆을 보면 HDMI 케이블 연결단자가 있습니다. 그 위치를 미리 확인해두면 좋습니다. 태블릿을 유선으로 연결할 때도 사용 가능하니 알아둡시다.

■ 바탕화면이 깨끗한가?

가끔 학급 PC의 바탕화면이나 문서 폴더, 다운로드 폴더가 정리되어 있지 않은 경우가 있어요. 새 학기를 준비하면서 이 부분을 깔끔하게 정리하는 것을 추천합니다. 2023년 기준으로 본다면, '2022 업무' 이름의 폴더를 만든 후 거기에 기존 파일을 다 넣어두는 것을 추천합니다. 보통 업무에는 연속성이 있는 경우가 많은데, 지난해 이 교실을 사용한 교사의 업무와 올해 교사가 맡은 업무가 동일하면 많은 자료가 있으니 업무에 유용합니다. 또한 맡은 학년마저 같다면 수업자료로도 활용할 수 있고요! 직접 준비한 수업자료가 가장 좋지만, 정말 부득이한 경우에는 지난해의 수업자료를 그대로 활용해야 할 때도 있거든요. 참! 지난해 문서 중 학생개인정보가 있는 파일이 있을 수 있는데, 그건 꼭 삭제해야 한다는 것도 기억해주세요.

필수 3 : 학생을 반기는 교실 분위기 만들기

3월이 되면 전국의 모든 선생님이 학생들과의 첫 만남을 가집니다. 매년 3월 첫날 저는 학생들보다 먼저 출근해 빈 교실에 들어오는 학생들의 모습을 지켜보는데요, 교실에 들어오는 아이들의 첫 모습은 거의 비슷합니다. 선생님이 누구일까 궁금해하며 잔뜩 긴장해서 들어오다가 앞에 있는 무서워 보이는 선생님(바로 접니다!)의 얼굴을 본 뒤, 그대로 굳어버린 채 어색하게 빈자리에 앉는 학생들의 모습을 보곤 합니다. 속으로는 씩 웃으면서도 '엄근진'(엄격근엄진지)을 유지하며 지켜보지요.

이렇게 학생들이 긴장하고 있기에 조금 따뜻한 분위기를 만들어서 마음을 열 필요가 있어요. 그래서 개학 전에 미리 출근해 교실을 정리하고 환영하는 분위기로 만드는 일도 필요합니다. 아래 세 가지 방법을 활용해보기를 추천합니다.

첫째, 교실이 어느 정도 정리되면 학생을 환영하는 게시물을 붙여봅시다. 저는 환경게시판을 활용해 다음에 나오는 사진처럼 꾸민 후 단체사진 배경으로도 활용해요. 교사의 성향에 따라 적절하게 활용하면 됩니다. 간편한 다른 방법은 교실의 앞문, 뒷문에 환영한다는 문장과 함께 학생 이름을 표로 정리한 뒤 출력해서 붙이는 것도 있어요. 어떠한 방법이든지 학생들에게 선생님이 너희를 기다리고 있

2-3. 새 학기를 맞아 학생들을 환영하는 이름표 붙이기 이벤트

었고, 너희를 환영한다는 메시지를 전달할 수 있다면 괜찮습니다. 선생님만의 방법을 고민해보고 학생들이 "아, 나는 이 공간에서 환영받고 있구나!" 하는 느낌이 들도록 해주세요.

둘째, 상황에 맞는 자리배치 방법을 고민합니다. 코로나19로 인해 지금은 일정 간격을 두고 시험 대형으로 앉히는 것이 일반적인 분위기가 되었다면, 코로나19 이전에는 첫날 자리배치도를 미리 출력해 학생들에게 자연스럽게 안내한 뒤 어수선한 분위기를 방지하는 교사도 있었습니다. 이외에도 자연스럽게 자리에 앉도록 해 새 학기 첫날 학생들이 자리에 앉는 방식을 분석하는 교사도 있습니다. 이렇게 하면 학생의 성향과 교우 관계를 자연스레 파악할 수 있다는 특징이 있어요.

마지막으로 학생들과의 첫 만남에서 어떻게 이야기할지 준비하면 금상첨화입니다. 교대에 처음 들어갔던 1학년 시절, 저는 현장에서 학생을 가르치는 선배 교사들을 만날 기회가 있었습니다. 그때 만난 한 선생님께서 해준 이야기가 아직도 기억납니다. 첫날 첫 시간, 학생들에게 무엇을 말할지 지금부터 고민하는 교사가 되었으면 한다는 말씀이었지요.

그때의 경험을 통해 차근차근 제 교육관을 정리하고 학생들에게 PPT를 만들어 설명했던 부임 첫날은 아직도 제게는 잊을 수 없는 날입니다. 조금 떨리지만 담담하게 학생들에게 1년을 함께 보내자고 적극적으로 이야기한 그 시간이 기억나네요. 매년 학생들과 만나는 첫 시간은 똑같은 설렘이 반복됩니다. 모든 선생님이 잘 준비해서 학생들과 함께 성장하는 1년이 되기를 응원합니다.

3장

의미를 담아 함께 자라는 교실의 한해살이

이제 본격적으로 교실에서 학생들과 만나야 할 시간이네요. 우선 어떤 활동을 하고 싶은가요? 제 경우, 학급경영은 '교사와 학생이 1년간 함께하는 교육 활동 속에서 여러 가지 방법으로 기록하는 것'이었습니다. 기록에는 공책에 필기하는 것도, 사진이나 영상을 촬영하는 것도 있지요. 추억을 쌓는 것도 기록이라고 생각했습니다.

이런 기록이 쌓이는 가운데 학생들이 각자의 의미를 발견해 그것을 나누면서 함께 성장하는 것을 목표로 삼았습니다. 이를 위해서 여러 가지 활동을 기획했답니다. 생활지도와 학습지도, 저만의 학급 특색활동까지. 이제 다·알·자 학생들의 1년을 선생님들에게 공개합니다. 우리의 1년을 보면서 이제 자신의 학급경영 한해살이를 구상해

봐도 좋겠습니다.

생활지도 : 다름을 이해하는 우리 반

학기 초에는 생활지도를 통해 학생에게 바른 가치관과 협동하는 분위기를 심어주기 위한 다양한 활동을 시행했습니다. 대부분의 활동은 학생 사이, 그리고 학생과 교사 사이의 소통을 주목적으로 계획했고요. 서로 알아간다는 주제에 맞게 주로 3월에 진행하는 활동이 많지만, 3월 외에도 다양한 시기에 적절하게 시도한다면 좋은 반응을 얻을 활동이 꽤 됩니다. 자신만의 학급경영 일정에 하나쯤 다음에 소개되는 활동을 응용해보면 도움이 될 거예요.

자기소개 이름표 만들기

3월 첫날 첫 시간, 저는 학생의 개인 사진을 촬영합니다. 이때 사진 촬영을 기다리는 친구들이 집중할 수 있는 다른 활동도 함께 진행합니다. 바로 자기소개 이름표 만들기입니다. 이 활동을 통해 학생들도 서로 알아가고 자연스레 소개할 수 있는 교실로 만들 수 있지요.

우선 A4 종이를 3등분으로 표시해 학생들에게 나누어줍니다. 가운데 칸에 자신의 이름을 적게 합니다. 저학년일 경우, 미리 모든 학생의 이름을 적은 후 각각 출력해 나누어줄 수도 있어요. 이때는 글자 테두리만 나오게 출력해 활용할 수 있는데, 학생들은 테두리 안 자신의 이름을 원하는 색으로 칠해 표현하면 됩니다.

촬영하는 동안 다른 학생들은 자신의 이름표를 자유롭게 꾸미는 시간을 가져요. 좋아하는 글을 적거나 원하는 문양, 그림을 넣어서 꾸미도록 안내하지요. 자유롭게 꾸미는 대신 꼭 해야 할 활동을 안내해도 좋은데, 바로 학급 친구들에게 하고 싶은 말을 적거나 자신을 간단하게 소개하는 문장을 적는 것이죠. 이 부분을 이름 뒷면에 적도록 안내해요. 학생이 20명이 넘을 경우 최소 20~30분의 촬영 시간이 필요한데, 학생들에게 자율적인 꾸밈 시간을 줌으로써 기다림의 지루함을 해소할 수 있게 준비하는 거지요.

또한 사진 촬영을 마친 뒤 서로의 이름표를 자유롭게 소개하는 갤러리 활동을 통해 학급 친구들이 각자 적은 한마디를 확인하면서 학급 친구들은 이런 생각을 하는구나, 서로의 생각을 확인하는 활동도 진행할 수 있습니다.

이때 그냥 수업을 마무리하지 말고, "~한 생각을 하는 친구는 누구일까요?" 하며 전체적으로 퀴즈를 풀어보는 것도 좋아요. 문제 낼 때 그냥 내지 말고 창의적인 생각이나 긍정적인 문장을 적은 친구들을 소개하면 좋습니다. 이 활동은 어느 정도 서로를 파악한 학기 말에 해도 효과적입니다.

첫날, 첫 모습 촬영하기

첫날 사진을 찍는 것의 장점은 그 짧은 시간을 통해 학생의 성격을 파악하기 쉽다는 것입니다. 깔끔하게 이름표를 꾸미는 학생이 있는가 하면, 대충하고 주변을 소란스럽게 하는 학생도 있지요. 사진 찍을 때 자신감 있게 미소를 짓는 학생(대부분 그해 학급의 웃음을 담당할지도 모릅니다)이 있는가 하면, 수줍게 사진을 촬영하는 학생도 있어요. 이 과정에서 특별히 기억해둬야 하는 학생의 특징이 있다면 잘 기억했다가 3월 학생 상담, 학부모 상담 주간에 활용할 수 있습니다.

이렇게 촬영한 사진은 학생의 얼굴과 이름을 빨리 익히는 데 사용해요. 학생들은 자신의 이름을 불리는 것을 좋아합니다. 물론 선생님을 경계하는 학생들도 있는데, 그 학생의 이름을 빨리 확인하는 것도 중요하지요. 또한 이름을 부르는 일은 학생을 빨리 내 편으로 만드는 장점도 있어요. 둘째 날, 교실 창가 쪽에서 한 학생이 떠듭니다. 어제 사진 찍을 때 밝게 미소 짓던 친구입니다. 역시나! 싶지요. 씩 웃으면서 그 친구의 이름을 불러봅니다. "살구야! 오늘 기분이 좋아 보인다?" 하면 그 학생은 웃다가 살짝 긴장합니다. 쉬는 시간, 이번에는 복도 쪽 한 학생이 옆 친구에게 도움을 주네요. "우리 살구 착하구먼. 하루 만에 호두랑 친해졌니? 이번 학기 잘 보내라, 둘이." 이런 식의 대화는 두 친구 모두를 격려하면서도 서로 한 해를 잘 보낼 수 있도록 연결고리를 갖게 해주지요. 학생의 이름을 기억하고 먼저 다가 가면 학생도 마음을 엽니다.

저는 가능하면 첫 주 안에 이름을 다 외워서 모든 아이를 빨리 불러주려고 노력합니다. 선생님이 애쓰는 것을 아이들도 공감하고 이해해줍니다. 가끔 헷갈리는 두 친구가 있습니다. 틀릴 때마다 사과하고, 미안하다 하면서 한 번 더 이름을 불러줍니다. 그 친구들도 선생님의 마음을 잘 헤아려주는 든든한 아군이 되지요.

담임 교사가 아니라 전담 교사여도 전담 시간 첫날에는 교실 수업을 통해 이 활동을 하는 것을 추천합니다. 전담 교사이기에 맡은 아이들이 많아서 모든 이름을 외울 수 없더라도 아이들에게 다가가는 모습만 보여주면 충분합니다. 학생들은 자신에게 관심을 가지는 사람을 누구보다 잘 알고 있거든요.

매일 글을 적고 키워가는 '글덩'(두줄쓰기) **활동**

이 방법은 제가 존경하는 이영근 선생님의 책 『초등 학급운영 어떻게 할까?』(보리)와 에듀니티 연수를 통해서 알게 됐고, 꾸준히 실천하고 있는 활동입니다.

첫날에 이름표를 만들고 사진을 촬영했는데 그 느낌을 포스트잇이나 종이에 적어보라고 합니다. 아니면 자신을 소개하는 글을 적어보거나요. 처음 적은 글을 선생님께 가져와 간단한 대화를 나눕니다(다른 친구들은 그 시간에 교과서 탐방을 하게 하지요).

"아, 선생님이 무서워 보였구나. 선생님, 진짜 무서운 사람이야! 우리 살구가 괴롭히지만 않는다면 말이야."

"아하, 호두는 로블록스(게임 플랫폼 이름입니다) 하는 거 좋아하는구나! 또 다른 게임은 뭘 좋아하니?"

이런 식으로 모든 학생과 대화하는 시간을 갖습니다. 눈을 마주치며 하나하나 이야기하면서 특별히 확인해야 할 것도 같이 챙기는 게 좋아요. 또한 이때 교사는 아이들에게 두줄쓰기를 통해 너와 이야기를 나누고 싶다고 말합니다. 그리고 학생이 원하지 않는다면 누구에게도 공개하지 않겠다고 약속하지요.

제가 맡은 학생들은 이 두줄쓰기 활동을 '글덩'이라고 부릅니다. '글 덩어리'의 줄임말인데, 글을 자꾸 쓰다보면 눈 덩어리가 커지는 것처럼, 많은 양의 글이 된다는 뜻이지요. 첫날이 지나고 다음 날 준비물로 각자가 사용할 노트 한 권을 챙겨오라고 하면 좋습니다. 아니면 첫 주말을 맞아 준비물 목록 중 하나로 안내해서 챙겨오도록 하면 됩니다. 이렇게 만들어진 각자의 글덩노트로 1년간 학생과 일대일로 소통합니다.

학생들은 아침에 오면 자리에 앉아서 일단 글덩부터 씁니다. 이렇게 하면 아침에 주변을 소란스럽게 하는 친구들을 자제하게 할 수 있어요. 잔잔한 음악이 흐르는 가운데 각자 생각을 적습니다. 쓰고 나면 선생님에게 다가가서 바로바로 확인하며 이야기도 나누고, 시

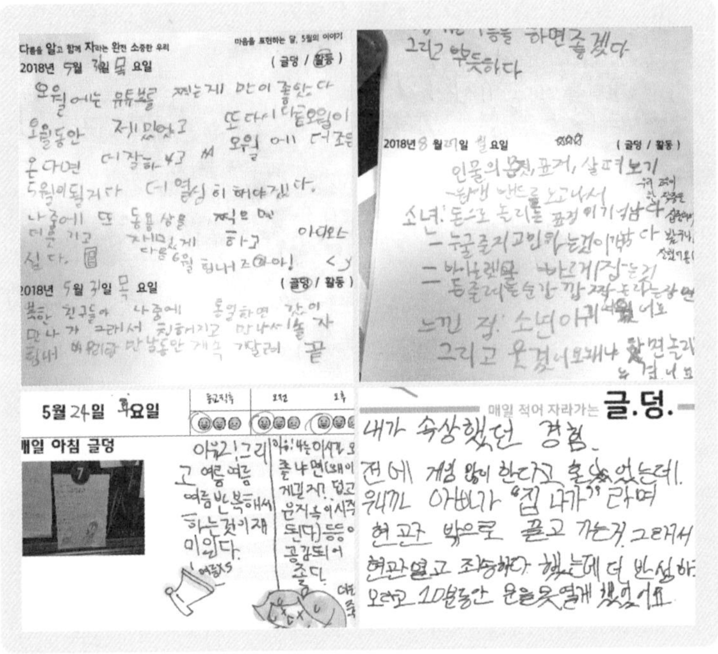

간이 넉넉하면 덧글도 달아주지요.

소통하다보면 정말로 많은 글을 보는데, 가끔은 학생들의 상상력과 표현력에 감탄하게 됩니다. 그림을 그려서 익살맞게 표현하는 아이들도 있고, 하교 후 어떤 일이 있었는지 적기도 하고, 아침에 어머니랑 투덕투덕한 뒤 우울함을 적는 친구들도 있지요. 2015년부터 매년 본 다양한 글덩 중 아직도 잊지 못하는 글덩이 있습니다. 학기 초부터 자신이 좋아하던 아이와 짝이 된 남학생이 그다음 날 아침

글덩에 쓴 글이었지요.

"내 옆에 천사가 앉았다."

아이의 진심을 알았기에 그 순수한 마음이 너무나 이뻐 종일 기분이 좋았던 하루였습니다.

혹시나 회의나 학생에 관한 전화로 인해 직접 검사하지 못할 때는 교실 앞 바구니에 글덩노트를 쌓아둡니다. 그리고 전담 수업 시간에 아이들이 없을 때 얼른 읽어서 덧글을 달아주지요. 혹시나 학생 중 자기 생일이라고 말하거나 꼭 그날 피드백을 해줘야 할 때는 종례시나 점심 시간에 슬쩍 주제를 던져서 이야기를 나누지요.

"자두야! 내일 큰누나 결혼식이라며? 축하해!"

"호두야! 아침에 동생이랑 다퉈서 기분이 나쁘구나. 기운 내. 선생님도 어렸을 때 동생이랑 엄청 싸웠어!"

이런 식으로 피드백해주면 학생들은 더욱 신나서 교사에게 좀 더 마음을 열고 자신의 솔직한 생각을 털어놓는 일이 늘어납니다.

글덩으로 아이들과 소통할 때의 장점이 바로 이것이에요. 학생의 심경 변화를 빨리 확인할 수 있다는 사실이지요. 학생들과 라포rapport가 어느 정도 형성되면, 아이들은 부모님과의 관계, 친구들과의 관계 등 자신의 이야기를 솔직하게 적습니다. 어느 정도 비밀을 지킨다는 신뢰가 쌓이게 되면, 이 자료를 학교폭력예방 활동 자료로도 충분히 사용할 수 있고요.

또 다른 장점은 학생들이 쓴 글을 예로 들어, 수업에서 동기유발 자료나 적절한 예시 자료로 활용할 수 있다는 점이에요. 국어과 성취 기준을 살펴보면 설득하는 글, 정보를 제공하는 글 등의 내용이 나오는데, 가끔은 이 주제에 딱 맞는 글덩이 나오기도 하거든요. 이 경우에는 미리 학생에게 다음과 같이 이야기합니다.

"우리 살구가 쓴 글이 너무 멋져서 선생님이 수업에 쓰고 싶은데, 학생들 앞에서 읽어줘도 괜찮겠니?"

이런 식으로 허락받은 글은 수업 시간에 이야기하거나, 학생들이 수업 중 힘들어할 때 주의집중을 환기하기 위해 읽어주지요.

학생들은 자기 주변의 이야기를 수업에서 듣기 때문에 집중하며 듣게 되고, 글을 쓴 학생은 칭찬을 받는 것이니 스스로 뿌듯해하기도 하고, 글쓰기에 대해 조금 더 진지하게 접근하게 됩니다. 누가 시키지 않아도 스스로 장문의 글을 적는 학생들도 있어요. 생활지도와 교과지도 모두 가능한, 무궁무진한 가능성이 있는 아침 두줄쓰기, 선생님들에게 추천합니다.

서로의 생각을 묻고 확인하는 설문조사 활동

새 학기의 처음 3월도 좋고, 학생들도 천천히 서로를 알아가는 6월도 좋고, 어느 때나 할 수 있는 활동입니다. 다양한 주제에 맞추어 학급 구성원이 서로에게 질문하며 알아가는 시간이지요. 특정 주제에 관해 학생들이 서로 대화하며 설문조사를 마치면 활동지를 제출해요. 교사는 무작위로 활동지를 뽑아 활동지 결과를 공유하는 시간을 가집니다.

2-4. 학급 구성원이 서로를 알아가는 설문조사지

예를 들어 '자두가 생각하는 가장 활발할 것 같은 학생은 누구일까요?'라는 식으로 질문하는 것이죠. 학습준비물 비용으로 A4 클립보드를 학생 수만큼 구입하거나 미리 준비한다면 조금 더 효율적으로 활동할 수 있습니다.

설문조사 활동을 할 때 유의할 부분이 있습니다. 바로 학생들이 서로 묻고 답할 수 있는 주제는 가능한 한 교사가 정해줘야 한다는 것이죠. 학생들에게 자유롭게 조사할 질문을 정하게 했더니, 가끔은 예의 없는 질문으로('가장 잘생긴 것 같은 학생은?', '몸무게가 많이 나갈 것 같은 학생은?' 등등) 눈살을 찌푸리게 할 때가 있었어요. 아차 싶어서 모든 활동을 중단하고 배려에 관한 교육을 다시 했던 기억이 납니다. 혹시나 관련 주제로 교육한다면, 타인의 외모를 함부로 비하하거나 마음대로 판단하는 일은 절대로 안 된다고 꼭 강조했으면 합니다.

설문조사 활동의 또 다른 장점은 3~6학년 수학 교과와 자연스럽게 연계 가능하다는 것입니다. 표나 그래프(그림그래프, 띠그래프, 원그래프, 막대그래프, 꺾은선그래프)로 정리하는 단원이 꼭 있는데, 그 단원과 연계시켜 활동을 준비해도 좋아요.

참고로 이 활동은 학기 말 영상을 만들 때도 좋은 자료가 될 수 있어요. '1년간 가장 기억 남는 활동은?'이라는 주제로 학생들이 자유롭게 설문조사하면서 자료를 정리하게 하고, 이 자료를 토대로 학년 말 학급뉴스 영상을 제작할 수도 있답니다.

규칙 정하기, 스스로 지키기

막 발령받은 신규교사 시절, 한 교사모임을 알게 되었습니다. 많은 선생님과 학급경영에 관한 생각을 나눌 수 있었지요. 여러 좋은 말씀 중에 가장 기억에 남은 것은 '학급의 규칙을 선불리 정하지 말라!'였습니다. 의욕이 넘쳐 너무 초반부터 열 가지, 스무 가지 규칙을 정하다보면 아이들도, 교사도 적응하지 못하고 지친다는 거지요.

그래서 선배 교사의 조언에 따라, 한 달은 학생들에게 최소한의 지적과 제한으로 적절하게 관리한 뒤, 4월의 첫 다모임(학급회의)을 통해 함께 학급 규칙을 정하는 것으로 마음을 먹고 실천에 옮겼지요.

3월 말 다모임 주제는 '3월에 우리가 잘못한 모습'과 '좀 더 발전하기 위한 우리의 다짐'으로 정했어요. 이렇게 이야기를 나눠보니 학생들은 우리 반의 문제를 잘 알고 있었고, 해결책도 적절하게 제시할 수 있더군요. 이를 바탕으로 규칙을 정하고(정해지는 규칙은 해마다 다섯 개에서 일곱 개 정도로 그해 학생의 성향에 따라 달라지지요), 학생들에게 마음에 드는 규칙을 적어 스스로 다짐하는 활동도 함께 시행했습니다.

이렇게 학생들의 생각으로 나오는 규칙이 정해지니 학생 각자의 책임감이 더 커졌지요. 학생들의 갈등도 줄어들었습니다. 또한 학생들이 규칙을 지켜가는 가운데 지키기 애매해지는 부분을 다모임 시간에 이야기하며 함께 수정하는 모습을 보여주기도 했고요.

물론 100% 정확하게 지켜지는 규칙은 아니었지만, 그래도 아이들이 한 반에서 함께 살아가는 가운데 서로 배려하는 마음을 가지고 스스로 규칙을 만들어 지키려고 했다는 점, 이 부분을 높이 사고 싶습니다.

공정함의 규칙 지키기

학기 말에 학생들에게 올해 경험한 교사에 관해 말해보라고 하면 (129쪽에 나오는 '선생님 사용설명서'를 참고하세요!) 의외로 상위권에 나오는 교사의 장점은 다음과 같습니다.

"선생님이 공정하게 활동을 진행하셔서 좋았다."

학생들이 느끼기에 교사에게 바라는 점 중 하나가 공정함이라는 사실이 놀랍기도 하고, 앞으로도 더욱 조심해야겠다는 생각이 들기도 했지요. 그 이후 저는 모든 활동에서 학생들이 최대한 공정하게 참여할 수 있도록 순서를 조절했습니다. 조금 번거로웠지만 일정한 규칙을 적용해 운영하니 학생들의 불평, 불만을 줄이면서도 자연스럽게 흘러가는 학급을 만들 수 있었어요. 나중에는 제가 깜박한 순서 규칙을 아이들이 기억하는 일도 있었는데, 공평한 기회에 관한 가치를 인식할 계기를 만든 게 아닌가 생각합니다.

학생들에게 순서가 가장 중요할 때는 언제일까요? 아마 점심 시간 같아요. 급식소에 갈 때는 먼저 먹는 사람이 그다음 날 맨 뒤로 가도록 약속했습니다. 이렇게 하니 학생 불만도 없어졌지요. 물론 매일 이렇게 하지는 않았어요. 가끔 자기가 먼저라는 생각에 지나치게 늦게 준비하는 학생들이 있다면, 그런 날은 선착순을 실시해 성실하게 시간을 지키는 학생들을 존중하기도 했답니다.

사진을 찍거나 수행평가를 시행할 때도 번호별로 돌아가며 시작하게 했습니다. 전날 2번부터 사진을 찍었다면 그다음 주 수행평가 발표 시에는 3번이 먼저 시작하는 것입니다.

교사가 모든 것을 기억하기 어려울 경우엔, 학급 반장에게 역할을 주거나 엑셀 파일을 활용해 꾸준히 기록하는 것을 추천합니다. 혹은 매일 칠판 구석에 '오늘의 첫 번째' 공간을 만들어 학생들이 누구나 자기가 가장 먼저 활동할 수 있다는 점을 직관적으로 안내하는 것도 좋습니다.

자리를 정하거나 발표할 때는 뽑기 프로그램을 이용했습니다. 클래스 123(https://class123.ac/)을 주로 이용했는데, 학생들이 아바타를 스스로 정할 수 있어서 귀여워서 사용했지요. 학습준비물이나 학급 경영비를 통해 아이스크림 막대기를 구매해서 뽑기를 만들어도 좋습니다.

자리 바꾸기 프로그램은 '김정식·허명성의 과학사랑' 블로그에서 발견한 플래시 프로그램을 사용했습니다(https://sciencelove.com/2353, 과학사랑 자리 바꾸기로 검색하면 됩니다). 자리 우선권 같은 쿠폰을 사용하기도 편리하고, 교사가 만들어서 그런지 학생 자리도 직접 지정해 관리할 수 있습니다. 무엇보다 자리 위치를 저장할 수 있기에 학생의 불만이 줄어들지요.

공정함만 유지해도 학급의 불만을 많이 줄어듭니다. 선생님의 공정함을 보여주세요.

단체 보상: 함께 별 모으기

초등학생 시절, 제 모습을 떠올려봅니다. 당시 선생님께서는 모둠별로 점수를 주고, 그 점수에 맞게 간식을 주셨어요. 정말 치열하게 활동에 참여했고, 실수로 점수를 잃거나 하면 그렇게 다른 친구를 비방하고 싸우고 했던 기억이 나네요.

그러한 기억 때문에 저는 개별 보상을 없애고 전체 보상으로 학급을 운영합니다. 노란 별 모으기 방법인데, 학급 온도계와 비슷해요. 학급 목표에 맞게, 남을 배려하거나 함께하는 모습을 보이거나 서로를 도와주는 걸 목격할 경우, 무조건 흰 별을 줍니다. 흰 별이 10개 모이면 파란 별 1개, 파란 별이 10개 모이면 노란 별이 되죠. 이 노란 별로는 학급회의를 통해 원하는 시간 1시간을 자유롭게 활용할 수 있습니다.

이 자유시간에는 진짜 자유를 누리는 게 아니라, 학생들이 미리 합의해 교육영상(제가 촬영한 영상입니다)을 보며 각자 할 일(학원 과제 등)을 하거나, 조용히 교실놀이를 하거나, 아니면 생산적인 취미 활동(그림 그리기, 공작 활동 등)을 시켰습니다.

이때 교사가 유의할 점은 절대 타협하지 않는 것입니다. 앞의 2부 1장에서 말한 '필수 1: 흔들리지 않는 교사의 판단 갖추기'를 기억하면 될 것 같네요. 학생들은 자유시간이라는 말에 학교에서 사용 금지된 물품을 사용하고 싶다는 등 선생님의 간을 보기도 해요. 절대 넘어가지 말고 단호하게 행동하면 됩니다. "지금 너희들이 함께 얻은 소중한 자유시간을 빼앗기고 싶니?"라며 우아하게 앉아서 학생을 관리하는 근엄함을 보여주면 됩니다. 스마트폰 사용은 절대 금지하고 학급의 학생들이 함께 100개의 별을 모았다는 기쁨을 맛보도록 하는 거지요.

이때 교사는 밀린 업무 처리를 할 수도 있겠지만, 학생들의 모습을 최대한 자주 주시할 것을 한 번 더 당부합니다. 사실 이 활동은 교사의 주관이 많이 들어갑니다. 흰 별을 주는 것은 선생님만의 권한이기 때문이지요. 이 장점을 적극 활용해 평소 눈에 띄지 않아 학급에서 주도적으로 활동하지 못하는 학생들에게 용기를 주는 방법이기도 합니다. 예를 들어 저는 늘 소심하게 앉아 있는 친구 중 하나가 발표 시간에 대답하는 모습을 보인다면, "어! 우리 살구가 발표했네요, 별 한 개!" 이런 식으로 주었지요.

아 참, 자유시간을 주는 게 교육과정에 문제가 생길 수도 있다는 지적을 받을 차례인 것 같습니다. 간단히 말하자면, '자신의 경험을 바탕으로 글을 써보자'라는 성취기준을 적절하게 활용하면 좋겠습니다. 저는 매시간 자유시간이 끝나면 두줄쓰기에 학생 자신의 경험을 적도록 했어요.

생각 이상으로 다양한 민원이 교사를 괴롭힐 수 있습니다. 성취기준에 근거해 선생님의 탈출구를 잘 마련하길 바랍니다.

개인 보상: 각자 쿠폰 모으기

단체보상만 하면 성실한 친구들이 실망하고 지치게 되는 역효과를 일으킬 수 있습니다. 이 점을 예방하고자 여러 가지 쿠폰 제도를 활용했는데, 이 중에는 성공적으로 정착한 쿠폰도, 학생들의 무관심 속에 처참하게 사라진 쿠폰도 있었지요.

학생들이 열광한 쿠폰이 두 개가 있는데, 바로 식사우선권과 자리우선권입니다.

식사우선권

앞서 급식 순서를 매일 바꾼다고 말했는데, 이 부분을 활용해 식사우선권이라는 제도를 유용하게 사용했습니다. 식사우선권은 수업 시간에 학력 차이로 인한 불평이 발생하지 않는 활동(빙고 게임, 몸으로 말해요 퀴즈 활동 등등)에서 순위권에 든 학생에게 주었어요. 특별히 블랜디드수업으로 인해 원격수업을 할 때도 있는 상황이 가장 적기입니다. 모두가 원격수업에 싫증이 나 꾸준히 하지 않는 상황 속에서도 묵묵히 최선을 다하는 친구들에게 줄 수도 있고, 그날 따라 컨디션이 좋아 수업에 집중을 잘하는 친구들에게 줘도 좋습니다.

특별히 체육 시간에 적극적으로 참여해 남을 배려하고 존중하는 모습을 보일 경우(경기 결과로 불평하거나, 자신보다 못하는 다른 친구를 비방하면 절대 주지 않습니다), 식사우선권을 주면 굉장히 효과적이었는데, 비난과 질투가 넘치는 체육 시간이 평화로운 체육 시간이 되는 기적이 벌어지기도 합니다. 마지막으로 원격수업 때 적극적으로 참여하는 학생 등 다른 학생이 보더라도 학급에 긍정적인 효과를 주는 학생이 있을 때 한 장씩 제공합니다.

자리우선권

자리우선권은 자주 자리를 바꾸는 경우 유용합니다. 다·알·자 학급 1, 2기 친구들은 거의 매일, 3~6기 친구들은 소규모 학교인지라(한 반에 10명 정도) 일주일에 한 번 정도 바꾸었습니다.

이렇게 자리를 바꾸다보면 학생 각자의 성향에 따라 선호하는 자리가 생깁니다. 선생님이 자신을 잘 못 보는 모니터 앞을 좋아할 수도 있고, 선풍기에 가까운 자리를 선호할 수도 있지요. 그렇기 때문에 자리우선권도 학생들을 유혹하기에 굉장히 좋은 당근이 될 수 있습니다.

의외로 가장 효과 없던 쿠폰이 두줄쓰기 면제권이었습니다. 두줄쓰기를 학생들이 싫어한다고 생각해 즉석에서 쿠폰을 언급하며 실시했는데, 여기서 반전이 있었지요. 의외로 학생들이 두줄쓰기를 좋아한다는 거였습니다. 결국 학생들의 선호도를 잃은 쿠폰은 역사 속으로 사라지게 되었답니다.

이런 쿠폰 제도를 학급경영에 활용할 때 가장 중요한 것은 희소성을 유지하며 가치를 높이는 것입니다. 너무 쿠폰을 남발해 모두의 소유가 된다면 의미가 없지요. 또한 직접 운영하며 제가 놓쳤던 부분이 있는데, 유효기간을 만들 필요가 있다는 것입니다. 각종 기프티콘이 괜히 유효기간이 있는 게 아니네요. 학생들이 최대한 많이 사용해야 그 쿠폰의 효과를 다른 학생들도 느낄 것이고, 그에 따라 교사의 의도대로 학생들이 움직일 가능성이 더 커지겠지요.

설렘을 주는 마니토 활동

학창 시절 한 번쯤 해본 마니토(수호천사 혹은 비밀친구) 활동, 기억나나요? 내가 뽑은 친구 몰래 선물을 주거나 미션을 수행했던 재미있는 기억을 학생들도 경험하게 해주고 싶었습니다. 다만 재미와 의미를 둘 다 만족시키기 위해서 몇 가지 문제를 해결해야 했지요.

우선 선물을 줘야 하는가의 문제입니다. 예전에는 간단한 선물 주고받기도 했던 것 같은데, 실제로 해보니 학생들이 선물을 고르는 데 차이가 있었어요. 정성을 담아 편지까지 쓰는 학생이 있는가 하면, 누가 보아도 장난 같은 선물을 하는 학생도 있었지요. 또한 선물로 인해 학부모의 염려가 있을 때도 있었고요. 특히 요즘은 학생들에게 이런 것을 요구할 때 자칫 오해를 살 수도 있으니 더욱 조심해야 합니다.

두 번째는 기간의 문제였습니다. 처음 할 때는 한 달을 했는데 심지어 자신의 마니토가 누구였는지 잊어버릴 정도로 무신경한 학생들 때문에 마니토 활동의 흥미가 떨어졌습니다. 또한 너무 자주 하니, 학생들이 혼란스러워하기도 했고요. 그래서 비정기적으로(분기별 1회, 혹은 특별주간에 집중적으로 3~4번) 마니토 활동을 시행했어요.

재미와 의미를 함께 담기 위해 한 가지 더 고안한 것은 다른 친구를 배려하는 미션이었습니다. 특별히 내가 듣고 싶은 말을 적어서 미션으로 하게 하니 다양한 방법으로 그 말을 전달해줘서 학급 분위기를 훈훈하게 하는 일도 있었어요. 단, 이때도 명심할 부분이 있는데 학생들에게 욕설이나 비방, 비하하는 말 혹은 유튜브나 SNS를 통해 알게 된 무의미한 말장난은 하지 않도록 안내해야 즐거운 활동을 할 수 있습니다.

한 달에 한 번, 솔직하게 말하는 시간 만들기

학급에서 활동을 수행하는 것이 마냥 좋을 수는 없지요. 학생 간에 다투거나 섭섭한 상황이 발생할 수도 있습니다. 그것까지는 나쁘지 않아요. 어느 공동체나 갈등은 있을 수 있으니까요. 그런데 생각 외로 갈등이 발생할 때 학생들이 지혜롭게 해결하지 못하는 것을 종종 보았습니다. 저는 갈등을 막기보다는 갈등이 발생했을 때 그것을 적절한 대화로 풀어가는 과정을 학생들이 익히는 것이 중요하다고 판단했습니다. 그래서 한 달에 한 번 선생님에게 솔직하게 말하는 시간을 가졌지요.

모두에게 빈 종이를 나누어주고 조금은 소란한 음악을 틀었습니다. 그리고 자유롭게 글을 적도록 했지요. 이때 다 적은 친구들은 아무 말이나 적게 했습니다. 학생들은 눈치가 빨라서 누가 끝까지 적거나 오래 적는지 파악하기 때문이에요. 이 글을 적고 나서는 제가 다 읽어보고 필요한 경우에는 직접적으로 개입하기도 했습니다. 그렇지 않을 때는 개인면담을 통해서 지도했고요.

특색활동 : 하나가 되어가는 우리 반

제 취미는 사진영상 촬영과 영상편집입니다. 학급경영을 할 때도 이 점을 적극적으로 활용해 학생들이 학급 활동에서 특별함을 느낄 수 있는 활동을 여럿 계획했어요. 선생님의 특기나 취미는 무엇인가요? 공자는 "아는 이는 좋아하는 이만 못하고, 좋아하는 이는 즐기는 이만 못하다"라고 했습니다. 교사가 즐기는 일을 학급의 특색활동으로 녹여낸다면 그것이 선생님만의 강력한 무기가 될 수 있습니다.

지금부터는 특별한 취미가 없더라도 할 수 있는 학급의 특색활동부터 조금 독특한 특색활동까지 다양하게 소개하겠습니다.

설렘을 전하는 아침 활동 준비하기

학교와 학원, 집을 오가며 힘들어하는 학생들에게 아침에 교실에 오면 설렘을 주고 싶었습니다. 행복하게 학교에 올 수 있도록 하고 싶었습니다. 그래서 매일매일은 아니지만, 격주로 한 번쯤 소소한 이벤트를 준비했어요.

어떤 날은 아침에 1~학생 수 번호를 숨겨놓고 찾는 게임을 했습니다. 주로 자신의 번호 아니면 자신의 번호 +3 등 규칙이 있는 숫자를 찾게 했지요. 먼저 찾은 학생부터 자리에 앉을 수 있는 특혜 아닌 특혜를 주었습니다. 자주 하지는 않았지만, 금요일 종례 시간에 언제 또 보물찾기를 할 거냐며 묻는 학생들도 있었지요.

또 어떤 날은 교실에 티 나게 숨겨놓은 카메라를 향해서 V 표시하기 활동을 했습니다. 칠판에 '카메라를 찾아라!' 무심하게 적어놓고 조용히 앉아 학생들을 기다립니다. 학생들은 자리에 앉아 칠판을 보자마자 분주하게 움직입니다. 카메라를 발견하면 "찾았다!" 하는 환호성과 함께 혼자 V를 하거나 친구들과 함께 V를 하기도 했어요. 별것 아닌 활동이지만 아침에 조금 더 활발하게 움직이는 시간을 주고 싶어 기획했던 활동이에요. 나중에 카메라를 향해 V를 하는 장면만 모아서 학급영상으로 만들어도 예쁘게 나온답니다.

그 외에도 준비하는 교사와 실행하는 학생 모두에게 부담 없는 소소한 이벤트성 활동을 준비하는 것도 좋습니다. 학생들이 잊어갈 즈음 한 번씩 하다보면 조금씩 그 재미가 쌓이는 걸 느낄 수 있지요.

분할 사진을 활용한 협동화 만들기

3월에 하면 좋은 활동이 또 있습니다. 함께 찍은 단체사진을 활용해 협동화를 만드는 작업이지요. 방법은 조금 번거로울 수 있지만, 협동화는 교실 환경미화의 부담을 줄일 수 있는 좋은 활동입니다.

협동화 제작 방법은 여러 가지인데, 포토스케이프(www.photoscape.co.kr) 프로그램을 활용해 준비하는 방법을 알려드립니다.

이렇게 완성한 작품은 짧으면 6개월, 길면 1년을 함께합니다. 학생들도 함께 하나의 작품을 만들어가는 작업에 만족해하지요. 한두 달 시간이 지난 후에도 다시 그림과 사진을 보다가 서로 의외의 것을 발견하며 신기해하기도 합니다. 미처 예상하지 못한 학생들의 긍정적인 반응이었어요.

① **포토스케이프(프리웨어)를 인터넷 포털에서 검색 후 설치, 사진 불러오기**

② **필터 효과 씌우기:** 색연필화 모드를 추천해요. 컬러 인쇄가 가능하면, 무임승차하려는 몇몇 학생이 있더라도 예쁜 작품을 완성할 수 있습니다.

③ **사진 분할하기:** 인원수에 맞게 적절하게 나누어줍니다.

④ **한글 문서에 불러오기:** 그냥 인쇄해도 되지만 적당한 틀을 만들어 실제로 번호를 매겨서 나누어줍니다. 나중에 모으기 쉽고 자르기도 쉽습니다. 폴더에 있는 사진을 복사하고, 한글 문서의 표에서 붙여넣기를 하면 쉽게 옮길 수 있습니다. 아래 예시를 참고하세요!

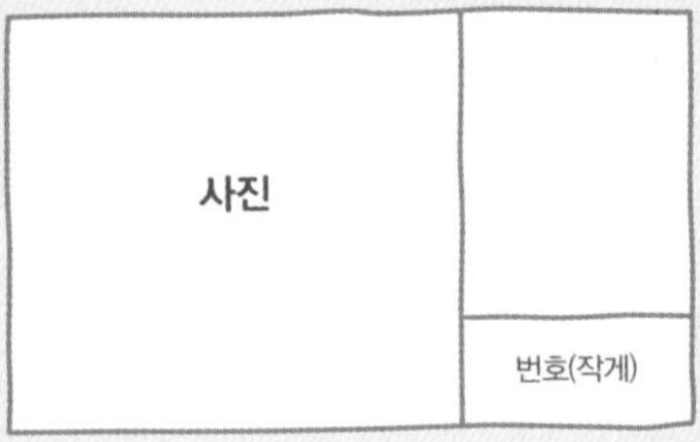

⑤ **인쇄하여 색칠하기:** 이때는 전자칠판(교실 TV)에 원본 파일을 참고용으로 띄워둡니다.

⑥ **색칠한 사진들을 칠판에 하나로 모으기**

⑦ **원본 사진과 함께 교실 게시판에 전시하기**

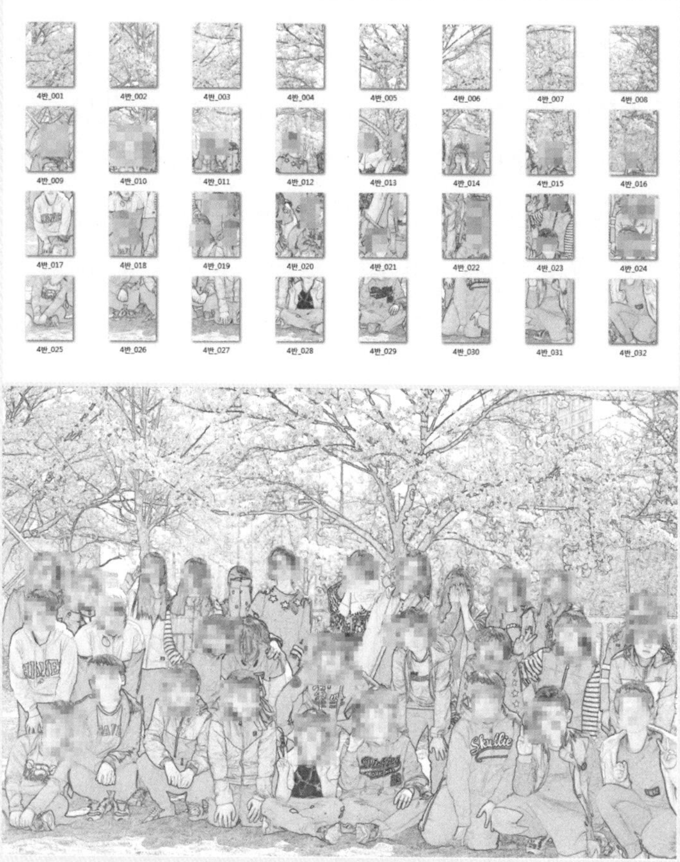

2-5. 함께 찍은 단체사진을 활용한 협동화 만들기 과정

함께 완성하는 프로젝트 참여하기

프로젝트학습이라는 단어 때문에 부담감부터 느끼는 교사도 많으리라 생각합니다. 하지만 부담감을 내려두고 학생들이 의미 있는 일을 함께한다는 점에 초점을 둔 프로젝트학습은 학급의 멋진 특색활동이 될 수 있어요. 프로젝트 활동은 진행하는 과정도 중요하지만, 그 과정을 통해 만들어진 결과를 함께 보는 것도 큰 도움이 되기 때문에 저는 영상으로 결과물을 남기는 편입니다. 이때 겸사겸사 UCC 대회에 참가하면 좋습니다.

4~5월이 되면 다양한 UCC캠페인이 시작됩니다. 저는 어느 비영리단체에서 기획한 '교실에서 찾은 희망' 프로젝트에 매년 참가했는데, 이 프로젝트는 정해진 안무를 학생들이 연습한 뒤 영상에 담으면 됩니다. 아이들은 쉬는 시간이나 점심 시간 중 틈틈이 연습하며, 이를 다양한 장소에서 촬영합니다. 어떤 해에는 수학여행을 간 에버랜드에서 촬영하기도 했지요.

촬영을 마친 이후에는 결과물을 시청하며 함께 피드백을 주고받고 최종 작업을 한 후, 유튜브에 업로드하고 결과를 기다립니다. 감사하게도 피자를 받거나 과자 상자를 받는 일도 있었습니다. 수상하지 못한 첫해는 아이들의 모습이 너무 이쁘다며 학부모들이 마음을 모아 아이들에게 선물을 한 적도 있지요.

코로나19로 최근 2~3년은 참여하지 못했지만, 함께 준비하는 과

2-6. '교실에서 찾은 희망' 프로젝트에 참여한 우리 아이들

정에서 학급의 구성원 모두가 단합되는 경험은 다양한 시너지 효과를 불러일으켰던 것 같습니다. 졸업 후 찾아오는 아이들이 "선생님, 그때 왜 저희를 말리지 않으셨어요?" 웃으며 하소연하지만, 그 기억은 소중한 추억으로 남았습니다.

이외에도 다양한 교육영화제나 영상제에 참여하는 방법이 있습니다. 또 학급이 함께 준비할 수 있는 합창이나 악기연주회 참가를 위해 연습한다면 가을 학예회 준비가 훨씬 수월해질 수 있어요. 제가 아는 선생님은 동학년이 함께 협의해 '귀신의 집' 프로젝트를 진행하기도 했습니다. 교실의 책상 배치를 적절하게 바꾸어 학년축제처럼 기획한 것이죠.

이렇듯 수업 이외에도 학급 프로젝트 주제를 가지고 함께 준비하다보면, 그 과정에서 서로를 배려하는 마음과 단합심을 기를 수 있습니다.

달걀 품어보기로 부모님 사랑 경험하기

어버이날을 맞이해 특별한 이벤트를 하고 싶었습니다. 그때는 군대에 다녀온 뒤라 제가 약간 효자 모드였다고나 할까요? 고민하면서 찾다가 적절한 활동을 발견했지요. 바로 달걀 품어보기입니다.

준비물로는 학생 수에 맞춘 달걀, 그리고 약간의 인내심이 필요합니다. 학생들에게는 불시에 이야기하면 좋습니다. 당일 아침 달걀을

2-7. 달걀 품어보기로 부모님 사랑 경험하기 이벤트

보여주며, "오늘 너희들이 키울 아이야" 하고 말합니다.

이때 다소 진지하게 "이 달걀이 깨지는 것은 너희가 한 생명에게 피해를 주는 거다"라고 엄숙하게 분위기를 잡는 것도 좋은 방법입니다. 한 명씩 달걀을 가져간 뒤 물티슈 등을 나누어주고 닦게 합니다. 그리고 이름을 지어주고, "오늘 하루 손에 꼭 쥐고 있어야 한다" 하고 알려줍니다.

2년 전까지 가장 빨리 달걀을 깬 친구는 2교시 쉬는 시간에 깬 아이였는데, 2022년에 그 기록이 경신되었습니다. 달걀을 받고 15분 만에 깨 먹은 아이들이 있었던 겁니다. 가장 특이하게 깬 친구는 나중에 소개할 영상촬영 수업 중에 마지막으로 "엄마 사랑해!" 하고 외치기 위해 달걀을 책상에 내려놓았는데, 하필 데굴데굴 굴러서 깨진 경우였지요. 이 영상은 그해의 학급영상에서 최고의 장면 중 하나로 선정되었습니다.

받은 사랑을 감사로 표현하기

여기서 끝나면 아쉽겠지요? 하루를 마무리하면서 5~6교시에 아이들이 직접 부모님께 남길 영상편지를 준비하는 활동도 해봅니다. 미리 연구실이나 빈 교실에 삼각대와 카메라를 설치한 뒤, 어떻게 영상촬영이 진행되며, 촬영한 영상을 부모님께 보여드린다는 것까지 상세하게 영상촬영의 조건을 미리 학생들에게 이야기해둡니다.

"선생님은 모든 내용을 비밀로 할 것이다. 영상편집만 최소한으로 해 부모님께만 보여드릴 것이다!"

이렇게 안내한 후 학생이 혼자 들어가서 촬영하도록 안내했지요. 아무래도 제가 있거나 다른 친구들이 있으면 진심이 나오지 않을 것 같아서 그랬습니다.

학생들이 자기 영상을 모두 찍으면, 저는 오후부터 열심히 편집해 유튜브에 올립니다. 물론 아는 사람만 볼 수 있도록 링크를 일부공개로 해놓습니다. 그리고 학부모에게 문자 메시지를 통해 활동의 취지를 설명해드리고, 영상 링크를 보내지요.

반응은 상당히 좋았습니다. 1~2분짜리 짧은 영상을 1주일 동안

10번 넘게 본 학부모도 있고, 아이가 울면서 "부모님, 감사해요" 하는 영상을 보고 감동했다며 고맙다고 말한 학부모도 있었습니다.

아이 중 몇 명도 그다음 날 글덩을 통해 자신의 소감을 적었습니다. '달걀을 하루 챙기는 것도 너무나 힘든데, 부모님은 나를 13년간 키워주시다니!' 하는 고백을 읽었을 땐 정말 보람을 느꼈습니다.

감사를 표현하는 스승의 날 만들기

스승의 날, 한번은 일부러 일찍 와봤던 적이 있습니다. 미리 이벤

2-8. 스승의 날에 감사의 마음 담은 글쓰기 그리고 봉투 꾸미기

트를 준비하려고 새벽같이 온 아이들이 한숨 쉬는 걸 보니 웃음이 터져 나왔지요.

요즘같이 아이들에게 자그마한 사탕 하나조차 받기 조심스러운 시대에는, 이번 해 담임보다는 지난해 선생님들을 떠올리며 감사의 마음을 편지나 카드로 표현하면 더 좋겠다고 생각합니다.

방법도 간단합니다. 인디스쿨이나 참쌤스쿨 사이트에서 적절한 양식을 받아 아이들이 직접 봉투에 색칠하고, 글도 정성스럽게 적습니다. 다행히 작년 선생님이 그대로 같은 학교에 있다면 전달하고, 전근 간 선생님이 있으면 영상으로 보내드리지요. 이렇게 감사한 마음을 표현하는 학생들과 함께 5월을 즐겁게 보낼 수 있었어요.

한 달에 한 번, 학생의 성장을 담은 사진 보내기

학생들의 모습을 매번 카메라에 담다보니 어릴 적 제 초등학교 은사님이 기억납니다. 3학년 때 선생님이었는데, 방과후에 모둠을 짜 산으로 데려가서 다양한 사진을 찍어주던 분이었지요. 그 사진들을 인화해서 나누어주었는데 그때의 감사함이 떠올랐습니다. 그래서 저도 학부모들에게 개인적으로 찍은 아이 사진을 보내드리기 시작했어요. 이때 인화비는 학급경영비를 사용했고요.

학부모에게 문자 메시지를 보낼 때는 간단한 인사와 함께 학생마다 특별히 칭찬할 점을 함께 적어 보냈습니다. 그랬더니 대부분의 학부모가 초등학생 시절 자녀 사진을 받을 수 있다는 것에 감사해했지요. 이 활동이 꾸준하게 이어지자, 학부모들은 제게 불만이 있더라도 일단 참고 이해해줘서 제 교육과정 운영에도 좋은 이점이 되었답니다.

다만 다수의 학부모가 불만을 표하거나(우리 아이가 잘못 나왔다는 등) 꾸준히 민원을 제기할 때는 가차 없이 활동을 중단했습니다. 사진을 촬영하고 보내는 일은 제 담당 학급만의 특색인데, 마치 특권인 양 생각하는 경우가 종종 있었기 때문이지요. 이러한 단점만 잘 넘어간다면 학생과 학부모와 자연스럽게 소통할 좋은 기회라고 생각합니다.

종업식과 졸업식 : 헤어짐 준비하기

종업식 혹은 졸업식을 앞둔 한 주는 교사들에게 너무나 힘든 기간입니다. 어떠한 당근도 통하지 않을 때가 바로 이 시기라고 생각해요. 이 시기에 학생들과 헤어짐을 준비하면서도 서로에게 좋은 기억을 남길 수 있는 몇 가지 활동을 소개합니다.

선생님 사용설명서 작성하기

이 활동은 학생들이 1년간 경험한 교사에 관해 솔직하게 적어보는 활동입니다. 어떻게 적어야 할지 모르는 학생들에게는 후배에게 적어보는 편지 형식으로 써보라고 하면 좋아요. 학생들이 작성한 사용설명서는 적절한 검토를 받은 뒤 내년에 맡을 우리 반 학생들에게 전달합니다. 선생님 사용설명서는 그림으로 표현해도 되고, 글로 적어도 됩니다.

얼핏 보았을 때 심하게 모욕적인 글을 제외하고는 어느 정도 저에 대한 비판은 수용하고 그대로 다음 해 학생들에게 보여줍니다. 학년에 맞게 중학년은 중학년이 작성한 설명서를, 고학년은 고학년이 작성한 설명서를 보여주지요. 이 글을 읽고 선생님을 이해한 뒤 새롭게 한 해를 보내게 되는 것입니다.

이 활동을 하는 것은 두 가지의 의미를 담고 있어요.

우선 학생 관점에서 학생 하나하나가 선생님에 대해 1년간 어떤 마음을 가지고 있었는지 확인할 수 있습니다. 선생님에 대한 감사가 묻어나오는 설명서가 있는가 하면, 단조롭게 작성된 설명서도 있지요. 학생의 글을 통해서 정말 교사가 잘못한 일이 있거나 마음에 상처를 준 일이 있다면, 마지막 한 주의 시간을 통해 충분히 이야기를 나누고 그 학생의 감정을 다독일 마지막 기회로 삼아보는 건 어떨까요?

또한 선생님 사용설명서를 통하여 교사 스스로 자신에 대한 평가의 기회를 만들 수 있습니다. 교원개발능력평가가 있지만, 익명성 때문에 안타깝게도 비속어가 포함되거나 근거 없이 비방을 적는 경우

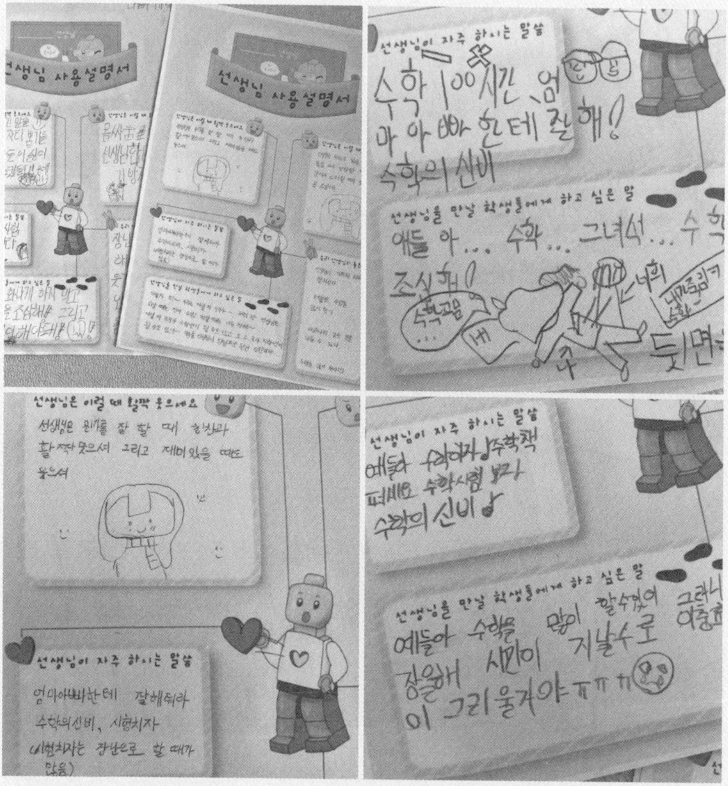
선생님 사용설명서
선생님이 자주 하시는 말씀
수학 100시간, 엄마 아빠한테 잘해!
수학의 신비
선생님을 만날 학생들에게 하고 싶은 말
선생님은 이럴 때 활짝 웃으세요
선생님이 자주 하시는 말씀
엄마아빠한테 잘해줘라
수학의신비, 시험치자
(시험치자는 장난으로 할 때가 많음)
선생님이 자주 하시는 말씀
수학의 신비
선생님을 만날 학생들에게 하고 싶은 말

2-9. 선생님 사용설명서

도 있습니다. 실제로 그런 글을 읽었을 때 정말 손이 벌벌 떨렸습니다. 자연스레 교사도 그것을 잘 보지 않게 되었지요.

하지만 어느 정도 누가 적었는지 밝혀낼 수 있는 교사 사용설명서 작성 시간은 학생들도 함부로 글을 적지 않아요. 또한 그 가운데는 교사에 대해 근거 있는 비판을 하는 경우도 있습니다. 그러한 글을 겸허히 받아들이는 자세도 필요합니다. 1년의 학급경영을 돌이켜보며 교사 역시 성장할 수 있는 시간입니다.

우리 선생님이 어떠한 사람인지 학생들이 더 정확하게 압니다. 그다음 해에 새롭게 만날 학생들에게 선생님 사용설명서를 보여주세요. 학생들을 잘 관리하고 지도하기도 편해집니다.

칭찬샤워

학기를 마무리하는 이 시기는 학생들이 서로를 칭찬해주는 시간이기도 합니다. 방법은 이렇습니다. 학생을 한 명 칠판 앞에 나오게 합니다. 너무 오래 서 있으면 힘드니까 얼른 학생의 윤곽선을 그려 줍니다. 그다음에는 그 학생을 향해 하고 싶은 말을 학급의 친구들이 돌아가며 분필로 작성하는 것이죠. 가능한 한 모든 색상의 분필을 활용하며 친구의 장점을 말해주고 격려해주는 시간을 가질 수 있도록 유도하는 게 좋습니다. 선생님도 한 마디 적으면 더 좋은 시간이 되겠지요.

이 활동을 해보니, 정작 칭찬샤워를 받는 학생은 기억하지도 못하는 일에 고마워하며 칭찬해주는 다른 친구들을 목격하게 됐어요. 1년간 함께 자라며 서로를 배려하는 모습을 적는 시간이 거듭될수록 학생들이 많이 성장했구나 하는 느낌을 받을 수 있습니다.

선생님 사용설명서 작성하기 활동이 교사에게 필요한 것이라면, 칭찬샤워는 학생에게 필요한 활동입니다. 자신이 발견하지 못한 장점을 발견해 적어주는 학급 친구들을 통해 학생은 성장할 기회를 만나는 것이지요.

칭찬샤워 활동의 단점은 오랜 시간이 필요하다는 것입니다. 반대로 이 부분을 잘 활용하면 다음과 같이 활용할 수 있는 장점이 되지요. 학생들이 즐겁게 활동에 참여하기 때문에, 교사가 잠시 자리를 비우더라도 충분히 학생들 스스로 활동할 수 있다는 점을 잘 활용하세요. 앞서 말한 선생님 사용설명서 작성하기와 함께 활동을 이어나간다면, 칭찬샤워 활동에서 자신의 차례를 기다리고 있는 학생들도 지루할 틈 없는 유익한 시간을 보낼 수 있습니다.

학기 말에 꼭 실천해보길 바랍니다. 롤링페이퍼와는 또 다른 추억을 남길 수 있습니다. 학생들에게 소중한 추억을 남기면서 한 해를 멋지게 마무리할 수 있을 겁니다.

지금까지 2부에서 말한 내용은 어디까지나 제 경험과 방식입니다. 앞서 소개한 활동을 하면서 천방지축 실수한 많은 시간이 떠올라 조

2-10. 학생들이 서로 칭찬해주는 칭찬샤워 시간

금 부끄럽지만, 학생들과 너무나 즐겁게 함께했던 추억이 생각나 또한 미소도 번지네요.

안타깝게도 처음 발령받은 그때와 비교하면, 시간이 흐를수록 교사로 교단에 서는 게 두려워지는 시간이 점점 많아지기도 합니다. 그러나 동시에 학생들과 매일매일 성장할 수 있는 내일이 기다려진다는 사실이 너무도 기분 좋습니다. 교사로서 할 수 있는 모든 경험, 그리고 그런 경험의 축적이 굉장히 기다려집니다.

연수에서 들었던 이야기 하나를 나누며 이제 2부를 마무리하고 싶습니다.

"100개의 교실에는 100개의 학급경영이 있다."

자신이 있는 자리에서, 자신의 교육적 가치와 지향점에 함께하는 학생들과 꾸려나갈 선생님만의 학급경영을 응원합니다.

3부

학급 생활의 햇살과 토양

학생·학부모 상담

1장

수업만큼 중요한 학생·학부모 상담

교사에게 있어서 수업은 가장 중요한 업무이지만, 수업만큼이나 중요한 것이 학생과 학부모에 대한 상담입니다. 학교가 존재하는 것은 학생의 배움과 성장을 위한 것입니다. 학생의 성장을 위해 교사와 학부모가 협력해야 하고, 그 통로가 되어주는 것이 상담이지요. 공부도 몸이 아닌 마음이 하는 일이라, 상담을 통해 학생과 학부모, 교사가 한마음이 되어야 교실 수업도 최고의 효과를 거둘 수 있습니다.

3부에서는 학생과 학부모 상담의 원리를 알아보고, 다양한 배경과 상황의 사례를 통해 효과적인 상담을 할 수 있도록 도움을 드리려고 합니다.

좋은 상담에 이르기까지의 우여곡절

대부분의 선생님은 학생과 학부모 상담이 중요하다는 것은 알지만, 막연한 두려움 혹은 부담감을 가지고 있지요. 저경력 교사이거나 상담으로 인해 오히려 마음의 고통을 받은 경험이 있는 선생님은 특히 더 그럴 수밖에 없습니다.

저 역시 처음 발령받았던 20년 전, 학부모 상담을 하거나 심지어는 아이들에게 태도 지도를 할 때도 무엇을 어떻게 해야 할지 몰라서 참 막연했던 기억이 납니다. 당시 제가 있던 학교는 개교한 지 3년도 채 안 된 신설 학교라 학교 구성원 대부분이 신규교사여서 어디 물어볼 데도 없고, 정말 막막한 상황이었습니다. 사실 다들 자신이 무엇을 모르는지도 모르는 상태라 동료 교사끼리도 서로 그다지 도움이 되지 않는 상황이었지요. 그때의 학년부장 선생님도 겨우 3년차 선배 교사였는데, 나중에 생각해보니 그 선배 교사는 얼마나 마음에 부담이 컸을까 싶습니다.

그래도 그때 선배 교사가 학생을 지도하는 방법, 학부모와 이야기하는 방법에 관해 작은 조언이라도 해줬던 것이 당시에 얼마나 큰 도움이었는지 모릅니다. 시간표 짜는 방법, 알림장 쓰는 방법도 너무나 새로웠을 만큼, 학급경영에 대해 정말 아는 것이 없었습니다. 대학생의 모습에서 크게 달라진 게 없는 상태였던 신규교사 시절, 그때 만난 아이들에게 제 나름대로 열심히는 했지만 별로 효과적이지 못한 지도를 했는데도, 대체 무엇이 잘못된 것인지 알기가 어려웠지요.

첫 발령을 받던 해에 운 좋게도 3학년을 담임했습니다. 신설 학교인 만큼 주변 학군이 새로 형성된 지역이어서 학부모들도 아이 교육에 관심이 많았고 아이들도 괜찮은 편이었습니다. 그런데도 그때의 저는 아이들의 작은 문제 하나에도 얼마나 힘들어했는지 모릅니다. 그때 저희 반에 산만하고 학습에 거의 집중하지 않고, 장난을 좋아하는 학생이 있었습니다. 지금 같으면 아이가 이렇게 행동하는 원인이 무엇인가 여러 가지로 살펴봤을 텐데, 그때는 그 아이 때문에 답답하고 화날 뿐이었지요. 그래서 계속 아이의 행동을 통제하고 벌을 주고 큰소리로 야단치고 소리도 쳤지만, 아이는 매시간 종이를 찢고 있거나 수업 중에도 바닥에 구르는 등 점점 더 상태가 안 좋아졌습니다. 부장교사에게 하소연하니 학부모와 이야기해봤냐고 해서 어머니에게 전화를 드렸습니다.

그런데 아이 어머니는 "집에서는 좀 자유로운 분위기로 두다보니 학교에서는 아이가 답답한가 보네요. 칭찬해주면 더 나아질 거예요."라는 겁니다. 마지못해 그러겠다고 했지만, 속으로는 '도대체 어디가 칭찬할 구석이 있어서 칭찬할까?' 생각했지요. 아이 행동에 가뜩이나 스트레스를 받은 상황이라 그런 말을 들으니 오히려 더 화가 나기도 했습니다.

부장교사에게 가서 또 하소연하니 "그런 말을 들었다니 답답하겠네요. 그래도 아이가 잘하는 것을 찾아서 일을 맡겨보기도 하고, 아주 작은 것만 잘해도 칭찬해보면 조금 나을 거예요. 그리고 소리 지른다고 아이가 좋아지는 것은 아니니, 뭘 지적하는 건지 정확하게 이야기를 해봐요"라고 조언해줬습니다. 그 뒤에도 아이를 칭찬하기는 쉽지 않았지만, 소리 지르던 방법에서 조곤조곤 말하는 것으로 천천히 방법을 바꾸면서 아이와 대화하는 일은 비교적 수월해졌습니다. 아이가 아주 조금 나아지는가 싶을 때쯤 학년이 끝났지요. 저는 제대로 아이를 가르치지 못한 것 같아 미안한 마음으로 아이를 올려보냈습니다.

한 해가 지나고 제가 3년차가 되었을 때 5학년을 맡았는데, 이 아이가 또다시 우리 반이 되었습니다. 서넛쯤 다시 우리 반이 된 아이들이 있었는데, 그중 한 아이가 제게 와서 "선생님, 살구가 또 선생님 반이 되어서 힘드시지요?" 하는 것이었습니다. 저는 "선생님 걱정해줘서 고마워. 하지만 선생님은 살구랑 다시 잘 지내볼 기회가 와서 좋아"라고 했어요. 사실 이 아이를 올려보내고 나니 '이럴 때 이렇게 했더라면 아이가 그렇게까지 행동하지는 않았을 텐데' 하는 후회가 되어 내심 다시 만났으면 했거든요.

다행히 그해에는 아이도 좀 더 성장했고, 저 또한 대학원 과정과 연수를 통해 공부하면서 좀 더 성장한 교사가 되어 아이와 더 나은 관계를 맺을 수 있었어요. 아이가 잠깐만 바른 태도를 보여도 칭찬해 주고, 나쁜 태도는 개인적으로 지적하고, 지금 해야 할 일에 집중하도록 도왔습니다. 그러자 아이의 문제행동도 더 나아졌으며, 아이와 실랑이할 시간에 다른 아이들과 긍정적인 상호작용이 더 오가니, 학급 전체도 정말 즐거운 한 해를 보냈지요.

이러한 일을 겪으며 저는 문제행동을 보이는 아이도 교사가 어떻게 하느냐에 따라 변화할 수 있다는 생각을 굳혔습니다. 그러면서 아이 행동을 지도하고 상담하는 방법을 꾸준히 배우고 익혀야겠다고 결심했지요.

학생의 자립과 성장을 위한 소통, 바로 상담

교사와 학부모는 학생을 길러내기 위해 협력하는 관계입니다. 교사는 교육으로, 학부모는 양육으로 학생을 길러내는 과정에 함께하고 있지요. 한 사람이 성장해 사회에 나가 한 구성원으로서 역할을 제대로 수행하고 살아갈 수 있도록 돕는 과정에 교육과 양육이 있습니다.

이렇게 보았을 때 교육과 양육의 최종 목표는 '자립할 수 있는 한 인간을 길러내는 것'이라고 봐야겠지요. 이 목표를 가지고 보면, 1년간 학생들을 가르칠 때 목표로 할 지점도 보입니다. 각 학령기에서 학생이 도달할 수준에 이를 수 있도록 돕는 것을 목적으로 지도한다고 생각하면 학급경영 목표를 어떻게 설정해야 할지도 좀 더 뚜렷해집니다.

학생 상담과 학부모 상담을 말하면서 학급경영의 목표를 먼저 이야기한 이유는, 상담도 학급경영의 한 축이기 때문이에요. '자립할 수 있는 한 인간을 길러내는 것'을 교육과 양육의 최종 목표로 보면, 교육과정 운영의 목표 자체가 학생의 성장에 있고, 따라서 학생과 학부모 상담의 목표 또한 '학생의 성장'에 있다고 볼 수 있지요. 이 목표에 집중하면, 상담하다가 직면하는 많은 문제점을 넘어서 학생의 성장을 돕고 교실을 바로 세울 수 있게 됩니다.

학부모 상담 주간 외에 대개 학기 초에 상담할 때는 학생의 문제행동을 해결하기 위해 상담하다보니, 학생의 성장에 집중하기보다는 학생의 문제행동에 집중해 상황을 악화시키는 경우가 생깁니다. 그러니 학생의 성장을 돕기 위해서 상담한다는 학생·학부모 상담의 본래 목적을 잊지 않는 게 무척 중요합니다.

학생이 '성장했다'라고 할 때, 우리는 그 학생의 신체적·지적·정서적 성장과 그 외 여러 가지 재능 발달을 보고 성장했다고 판단하지요. 따라서 학생과 학부모를 상담할 때도 상담 전에 이러한 영역에 따라 아이의 성장 상태를 점검해보고 상담하면, 보다 체계적인 상담을 할 수 있습니다.

신체적 성장은 키와 몸무게 등 외형적 성장과 함께 체력이나 운동 기능의 향상으로 볼 수 있어요. 지적 성장은 지식의 습득과 지적 호기심의 발달 등이 해당하지요. 정서적 성장은 친구 관계의 변화, 학습 태도의 변화, 갈등 해결 능력의 향상이라고 볼 수 있습니다. 그 외 여러 가지 재능은 학교 생활 중에 교사가 관찰 가능한 모든 영역이 해당하지요.

교사가 하는 학생 상담과 학부모 상담은 이러한 학생의 종합적인 성장을 위해 하는 일임을 생각하면, 상담이 어긋난 방향으로 흘러가거나 별 의미 없는 이야기로 끝나는 것을 방지할 수 있습니다.

학생·학부모 상담, 부담에서 성장으로

- 나는 교육전문가로 존중받고 싶은데, 학부모가 나를 어리다고 얕잡아보면 어떻게 하지?
- 오늘 처리해야 할 일도 많은데 상담 주간이 다가오니 머리가 뒤죽박죽되는 느낌이야.
- 그 아이 부모님께 연락을 드려서 아이 지도에 협조를 구해야겠는데……. 작년에 그분이 담임 선생님을 매우 힘들게 했다는데 괜찮을까?
- 이 아이는 너무나 학교 생활을 잘해서 상담이 필요 없을 것 같

은데 왜 상담을 신청하셨을까? 잘한다는 말 외에 무슨 말을 해야 하지?

- 어떻게 이런 행동을 하는 아이가 있을까? 이런 아이를 내가 어떻게 가르쳐야 하나? 내가 어떤 말을 한다고 아이가 바뀌기는 할까?

상담하는 상황이 되면 이런저런 생각으로 부담을 느끼는 경우가 많을 겁니다. '상담'이라는 단어 자체가 주는 느낌이 전문적인 치료를 떠올리게 해 부담감으로 작용할 수도 있고요.

사실 우리는 교사가 학생, 학부모를 대상으로 하는 상담이 일반 상담과는 차이가 있음을 알고 있지요. 기관에서 전문 상담사가 하는 일반 상담은 내담자의 감정이나 정신 문제를 상담하지만, 학교에서 교사가 하는 상담은 주로 학생의 전인격적 발달을 위해 행동을 바르게 하도록 조력하고 학습 면에서 성장과 발달을 촉진하기 위한 상담입니다. 그래서 학생의 감정과 행동의 이해, 학습 문제, 교우 관계, 가정환경 문제, 진로 문제를 포함해 전반적인 생활지도와 연결되지요.

또한 일반 상담은 일대일로 상담하고 내담자 문제를 비밀로 하지만, 교사 상담은 학생의 문제를 학부모와 함께 다뤄야 효과가 있다는 점에서 일대 다수 상담이 되는 경우가 많아요. 가장 큰 차이는 일반 상담은 내담자가 상담자를 찾아가지만, 교사의 상담은 교사가 요청하는 경우가 많다는 겁니다. 이러한 차이 때문에 일반 상담의 원리나 방법을 그대로 적용하기 어렵다는 점은 교사가 학생 또는 학부모 상담을 할 때 생각해둬야 할 부분입니다.

학생의 장점에서부터 이야기 풀어가기

교사가 학생 또는 학부모와 상담하는 경우는 학생이 보이는 걱정스러운 행동 때문에 상담하는 경우가 대부분입니다. 여기에서 교사가 문제를 보는 시각과 학생 또는 학부모가 문제를 보는 시각이 달라 상담 시작부터 문제가 생기기도 하지요. 그러므로 상담하는 행위의 근본 목표를 잊지 않아야 문제를 줄이고 상담 목표를 달성할 수 있어요. 학생 상담, 학부모 상담에서 근본 목표는 앞에서도 말씀드렸듯이, '학생의 성장을 도울 수 있는가?'입니다. 학생의 문제에 관해 이야기할 때도, 핵심은 학생의 문제(있어 보이는)행동 자체가 아니라, 학생을 도울 수 있는 방법을 찾고자 한다는 메시지 전달에 있지요. 학생과 이야기할 때도 '나는 너를 돕고 싶다'라는 메시지를 주어야 하고, 학부모와 이야기할 때도 '자녀의 문제를 도울 방법을 함께 찾아보고자 말씀드립니다'라는 메시지를 전해야 합니다.

제가 2년차에 1학년 학급을 맡았을 때, 우리 반에는 장난을 많이 치고 성격이 강한 아이가 있었어요. 체구가 작은데도 성격이 강하다보니, 자기가 심한 장난을 쳐서 친구가 화가 난 상태인데도 오히려 자기가 화를 내며 맞서서 상대 아이의 기를 누르는 아이였지요. 이 아이의 행동에 대해 지도했어야 하는데, 당시에 저는 지도라기보다는 야단을 많이 쳐서 나중에는 같이 놀던 아이들이 눈치를 본 모양이에요.

그런 상황을 모르다가 그 아이 어머니가 상담 차 전화해서 "선생님께서 우리 아이를 잘 지도해주시리라 믿어요. 그런데 다른 엄마들 이야기가 선생님이 우리 아이를 미워하신다고, 우리 아이랑 놀면 찍힌다고 하더라고요. 정말 그런 건 아니지요?" 이렇게 조심스럽게 물어보는 겁니다. 그 이야기를 듣고는, 아차 싶고 미안했지요.

"죄송해요. 저는 나름대로 아이의 행동에 대해 지도한다고 했는데 그렇게 받아들여졌다면 심하게 한 부분이 있었나봐요. 제가 어떻게 호두를 미워하겠어요. 더 사랑으로 지도하겠습니다." 하고 말씀드렸어요. 그 후로는 단순히 야단치는 것이 아니라, 아이가 화가 나서 흥분한 상태일 때 아이의 감정을 먼저 진정시키고 친구를 위협하듯 노려보는 것은 안 좋은 태도라고 정확히 이유를 알려주면서 지도하려고 노력했습니다.

경력이 쌓이고 저도 부모가 되면서 아이의 마음을 얻는 것이 먼저라는 것을 깨달은 후에는 아이가 문제행동을 보일 때 아이의 마음을 먼저 살피려고 노력하게 되었습니다. 그러다보니 자연스럽게 학부모와 상담할 때도 아이가 잘했던 장면에 관해 언급하면서 문제가 되는 부분에 대해서도 이야기를 풀어나갈 수 있었어요.

학부모에게 자녀의 문제에 관해 이야기할 때, 장점을 먼저 언급하고 나서 문제를 말하는 것은 이야기를 듣는 학부모의 심리적인 저항을 줄이려는 전략이기도 하지만, 자녀의 문제를 돕기 위해 상의한다는 교사의 메시지를 효과적으로 전할 수 있는 장치이기도 합니다. 사실 문제행동이 심하지 않은 학생의 경우, 문제행동 뒤에 숨겨진 학생의 메시지를 읽고자 하는 노력을 자연스럽게 할 수 있겠지만, 문제행동이 심한 학생의 경우는 교사가 의도적으로 큰 노력을 하지 않고서는 학생을 긍정적으로 바라보기 어려울 겁니다.

그래도 반드시 장점을 먼저 언급해야 하는 까닭은 다음과 같은 이유에서예요.

첫째, 학부모는 교사의 상담 요청을 받으면 '내 아이가 무슨 잘못을 했을까?' 긴장합니다. 이때 아이의 장점을 먼저 언급하면 학부모도 긴장을 풀고 자녀와 자신의 상황에 관해 들을 준비를 충분히 할 수 있어요.

둘째, 학부모는 자녀의 잘못을 자신의 잘못으로 동일시하는 경향이 있기 때문입니다. 그러다보니 자녀의 잘못을 들었을 때 일단 자신이 비난받은 것으로 느껴 화를 내는 경우가 많지요. 교사에게 화를 표현하지 않더라도 모든 부모는 자녀의 잘못으로 인해 부끄러움을 느끼고, 여기서 생긴 화를 자녀에게 표현해 상황을 더 악화시키는 경우가 많습니다. 자녀의 잘못을 먼저 듣게 되면 부모의 마음에 방어기제가 작동하게 되고, 여기서 생긴 화로 인해 '선생님이 우리 아이를 싫어해서 내 아이가 이렇게 되었다'라며 엉뚱한 원망의 불씨가 생길 수 있으니까요.

셋째, 학부모는 학생의 문제를 해결할 수 있는 열쇠를 쥐고 있기 때문입니다. 학부모와 학생의 문제를 공유하는 이유는 학생의 문제를 해결하는 데 도움을 얻기 위해서입니다. 학생의 문제가 심각한 상황에서 학부모의 도움을 얻지 않고서는 학생의 문제를 해결하기는 커녕 더 많은 문제를 일으킬 수 있으니, 학부모와의 상담을 통해 학부모의 마음을 학생의 문제를 해결하는 방법을 함께 찾는 쪽으로 이끌어가야 합니다. 아이는 학교에서도 많은 시간을 보내지만, 가정에서의 시간도 비중이 크고 지속적인 관계라서 더 중요하니까요.

2장

학생 상담:
생활지도의 또 다른 이름

교육학자에 따라서 학교에서 하는 상담을 생활지도의 한 방법으로 보기도 하고, 서로 겹치는 영역이 있는 학생지도 방법으로 보기도 합니다. 하지만 어떤 관점을 택하든 학교 상담은 생활지도와 분리해서 생각하기 어렵다는 것은 분명합니다. 학교 상담은 대상에 따라 학생 상담과 학부모 상담으로 나눌 수 있어요. 둘 중 학부모 상담에 대해 교사들이 부담을 더 크게 느끼는 경우가 많지만, 학교 상담에서 더 많은 부분을 차지하는 것은 학생 상담입니다.

2장에서는 학생지도와 상담의 장면을 살펴보며, 학생지도나 상담에서 미리 생각해두고 유의할 부분을 짚어볼게요.

학급 전체 지도

학기 말이 가까워져 오는 11월, 한 6학년 교실에서 점심 시간이 끝나고 선생님이 5교시 수업을 시작하려고 합니다. 그런데 아직 수업 준비가 제대로 되어 있지 않습니다. 아직 교실 안에서 돌아다니고 있는 아이들도 있고, 교과서를 펴놓고 있는 아이들은 손꼽을 수 있는 상태입니다. 심지어 몇몇 아이는 아직 교실에 들어오지도 않았습니다. 그 와중에 어떤 아이가 "선생님, 화장실 다녀올게요." 말합니다.

교실이 이런 상황일 때, 어떤 마음이 드나요? 화가 나고 무시당한 느낌이 드나요? 옆 반 보기에 부끄러워 아이들을 야단쳐서 본때를 보여주고 싶은가요? 이렇게 학생 전체를 대상으로 지도하고 싶은 경우가 있습니다. 이 경우에도 전체 상담으로 생각하되, 짧은 시간이라도 준비해서 지도하면 더 좋은 결과를 얻을 수 있어요. 다음 내용은 상담(지도) 전후에 순차적으로 필요한 내용을 정리한 것입니다.

전체 지도 전에 하고 싶은 말 정리하기

학생들의 행동으로 인해 화가 난 상황에서 그래도 지도해야겠다고 생각하는 경우가 많은데, 요즘은 교사의 열정도 아동학대로 변해버리는 사건이 많지요. 그러니 반드시 한 호흡 쉬고 마음을 안정시킨 후, 학생들에게 할 말을 생각해서 제대로 말할 수 있도록 준비해야 합니다. 우선 전하고자 하는 핵심만 담아 간략하게 정리하세요. 교사의 감정이나 평가는 빼고, 아이들이 하는 행동을 사실 그대로 전달하면 아이들도 문제를 알고 교사가 지도하는 내용을 더 잘 받아들 수 있습니다. 이를테면 "지금 여러분이 수업 시작 전에 수업 준비를 덜 해서 수업을 제시간에 시작할 수 없었어요. 수업 시작 1분 전에는 자리에 앉아 수업할 수 있도록 준비하세요"와 같이, 교사가 원하는 부분을 담백하게 말할 수 있도록 준비하세요. 그리고 이런 말을 할 때 말투와 표정이 매우 중요합니다. 화난 표정과 말투가 아니라 그야말로 그저 알려주는 느낌의 표정과 말투로 하는 것이 핵심이에요. 화나는 상황일 수 있지만, 그럴 때 화를 내며 말하기보다는 잠시 숨을 고르고 평온하게 말하는 것이 아이들에게 더 경각심을 일깨워줄 방법입니다.

학급 전체의 주의를 집중시킨 후 시작하기

주의집중이 되어 있지 않은 상태에서는 어떤 말을 해도 전달되지 않는 게 당연하겠지요? 이때 교사의 마음이 준비되지 않은 상태라면 주의집중 단계에서부터 다시 화가 나서 큰소리를 내거나 학생들에게 두려움을 줄 행동을 하게 될 수도 있어요. 이렇게 되면 아동학대가 아니냐는 학부모 민원의 빌미를 제공할 수도 있고요. 실제로 저학년의 경우, "우리 선생님은 평상시에는 친절하신데 친구들이 싸우거나 떠들면 칠판이나 책상을 치고 큰 목소리로 화내셔서 무서워요"라는 아이의 말을 듣고, 자신의 아이에게 한 일이 아닌데도 같은 반 친구에게 그랬다는 선생님의 행동을 아동학대라고 학부모가 신고한 사례도 있습니다.

이렇게 교사가 학생 간의 다툼을 중재하거나 주의집중을 위해서 한 언행이라도 격앙된 상태에서 한 말과 행동으로 인해 민원 또는 신고를 당해 어려움을 겪게 될 수 있다는 것을 늘 인식하고 주의해야겠지요. 반드시 아이들이 교사의 말에 집중할 수 있도록 교실 분위기가 차분하게 준비된 상태에서 시작하세요.

명확한 메시지를 짧게 전달하고 수업 이어가기

사실 같은 말을 반복해봤자 아이들에게는 잔소리로 들릴 뿐, 아이들 마음에 변화를 줄 수는 없지요. 잔소리가 길어지면 아이들은 교사가 하는 말을 듣기보다는 '빨리 안 끝나나?', '앗싸~ 수업 시간 날아갔다', '우리 쌤은 수업 안 하고 잔소리만 하시네' 등등 다른 생각만 하고 있게 되지요. 교사도 '이런 잔소리를 들어야 할 아이들은 소수인데 내가 모든 아이를 피곤하게 하는 건 아닐까?' 하고 마음이 쓰일 수도 있어요. 그러니 명확히 전하고 싶은 이야기만 확실하게 전하고, 바로 계획한 수업을 이어가는 것이 더 효과적입니다.

사람은 누구나 지금 당장 필요한 내용이 아니라면 주의집중이 되지 않기 마련인데, 아이들은 더욱 그렇습니다. 원하는 목표를 달성했다면 그 이상은 지도하고 싶더라도 다음으로 넘기는 편이 좋습니다.

아이들에게 의견 구하기

교사가 느낀 점을 말하는 것으로 끝나면 아이들은 별생각 없이 듣고 넘겨버릴 수도 있어요. 그렇게 되면 교사만 지치고 화나는데 아이들은 별로 변화가 없는 상황이 될 수 있겠지요. 이런 상황을 조금이라도 개선하려면 "지금 수업을 시작해야 하는 상황인데 너희는 이 상황에서 어떻게 수업을 준비해야겠다고 생각하니?"라고 아이들의 의견을 묻고, 아이들 말로 앞으로 해야 할 일을 정하고 지키겠다고 다짐하는 시간을 가져야 합니다. 아이들이 스스로 행동을 변화시켜야겠다고 생각해야 조금이라도 변화가 일어나기 때문이지요.

이렇게 아이들의 생각을 묻는 과정에서 아이들의 내면이 성숙하게 되고 민주적 학급경영의 씨앗이 생겨납니다. 물론 때로는 아이들의 의견을 듣다가 내용이 산으로 가는 바람에 선생님이 오히려 더 화가 날 수도 있어요. 위에서 예로 든 문장을 선생님이 분노의 감정을 담아 이야기했을 경우, 야단맞았다고 느낀 아이들이 "다른 애들도 수업 준비 안 하고 있었어요. 왜 저한테만 그러세요?" 같은 식으로 반응을 보여 교사를 더 화나게 하기도 하지요. 이럴 때는 부드럽고 장난스러운 말투로 "너한테만 말한 게 아닌데 찔렸어?" 하는 식으로 응답해주고, 학급 전체에게 "지금 누구 때문이다, 이런 게 문제가 아니라 너희가 모두 수업 준비를 제대로 해야 한다는 것이 중요한 거겠지? 너희가 어떻게 해야 할지 이야기해보자"라고 간단명료하게 말하고 넘어가세요. 이렇게 하는 것이 아이들 반감도 없애고, 아이들이 자신이 할 일을 명확히 인지하도록 돕는 방법입니다. 그런 상태에서 수업 준비를 잘하는 방법에 관해 이야기를 나누면 다음에 똑같은 일이 발생할 가능성을 줄일 수 있겠지요.

민주적 생활지도

여기서 핵심은 '수업 준비를 안 한 친구들을 어떻게 처벌할 것인가'가 아니라 '수업 준비를 잘하는 방법 찾기'에 초점을 맞추어야 한다는 점입니다. '안 해야 하는 것'에 신경을 쓰기보다는 '잘하는 방법'을 찾아야 아이들이 바른 행동이 무엇인지 배우고, 해야 할 일에 집중하도록 도울 수 있습니다. 처벌보다는 개선에 집중하고, 규칙보다는 즐거운 학교 생활에 집중하는 것이 아이들의 정서를 살피며 성장을 돕는 방법일 테지요. 여기서 규칙보다 즐거운 학교 생활에 집중하라는 것은 규칙을 무시해도 된다는 뜻이 아닙니다. 즐거운 학교 생활을 위해 규칙이 존재함을 인지하도록 해야 한다는 뜻이지요.

규칙은 적을수록 아이들이 기억하기 좋고 스스로 판단할 수 있는 힘을 기를 수 있습니다. 일례로 우리 반은 하나의 국가처럼 운영하고 있는데, 우리 반의 헌법 조항(규칙)은 단 하나입니다.

"모든 국민(우리 반 학생들)은 자신을 소중히 여기며, 자신이 소중한 만큼 남을 소중히 여긴다."

아이들에게 이 규칙을 소개하면서, "나를 소중히 여기는 사람은 나의 이미지를 생각할 것이니 함부로 행동하지 않으며, 다른 사람에게 피해를 주지 않는다"라는 설명을 덧붙입니다. 지도할 상황이 생길 때 이 규칙을 이야기해주고 "네가 어떻게 행동하면 좋을까?" 물어보면 아이들이 자기 생각을 말하고 지키기 위해 노력하지요.

스스로 판단하기 어려워하는 아이들은 반 전체가 함께 바람직한 행동에 관해 이야기할 때 더 많이 배웁니다. 이때 친구를 비난하기 위한 자리가 아니라, 바른 행동을 선택할 수 있도록 돕기 위한 자리임을 인지하고 말할 수 있도록 합니다. 아이들의 위반 사항에 따라 회의가 열리고 법률(벌칙)을 정하는데, 법률은 반드시 공고가 된 이후의 사건부터 적용합니다. 우리 반은 학급화폐가 있어서 학급화폐로 벌금을 냅니다. 벌금을 낼 경우, 아이들은 '벌금 냈으니 됐다'라고 생각하기도 하지요. 그래서 벌금을 낸 것으로 끝나는 것이 아니라, 벌금의 의미는 '같은 잘못을 하지 말라'라는 뜻이라는 것을 늘 생각하고, 같은 잘못을 반복하지 않도록 노력하라고 이야기해둡니다.

학생 상담을 위한 준비 작업

학생이 문제행동을 보일 때 상담하는 것은 당연한 일이지만, 그전에 학생의 정서 발달과 사회성 발달을 위해 예방적 상담을 잘 활용하면, 학생의 문제행동을 예방하고 대처 방법을 찾을 수 있어요. 개별 상담이 가능하다면 이상적이겠지만, 그럴 수 없는 경우 학급 전체가 함께하는 활동을 통해 성장 목표를 세우게 하면 좋습니다. 이런 자료들을 바탕으로 학기 중에 스스로 자신의 성장을 돌아볼 수 있게 하면 학생들도 자신의 성장에 뿌듯해하기도 하고 좋은 쪽으로든 나쁜 쪽으로든 달라진 자신의 모습을 스스로 점검하고 방향을 설정하는 시간을 가질 수 있습니다.

고학년의 경우, 3월 학급 세우기 기간 동안 학생들이 자신의 강점과 약점에 대해 알아보고, 친구들에 대해서도 서로 이야기를 나누면서 배려할 점을 생각하는 시간을 가지면 좋아요. 이 시간을 통해 자신에 대해 그동안 생각하지 못한 부분을 발견할 수 있고, 친구에 대해서도 알아볼 기회를 줄 수 있지요. 서로 비교하며 위축되거나 우월감을 느끼는 것이 아니라, 함께 돕고 배려할 수 있는 방법을 찾아가게 되면서 긍정적인 학급 분위기를 형성할 수 있습니다.

강점과 약점을 적는 것을 아이들이 많이 어려워하는데, 내가 남보다 잘하는 것을 찾는 것이 아니라, 나를 이루고 있는 어떤 특징이 내

3-1. 나와 친구의 강점과 약점 알아보기 – 학습지 양식

나! 이런 사람이야!

학년 반 번 이름

	나의 성격	나의 학습	나의 신체
강점			
약점			
성장 목표	1. 2. 3.	1. 2. 3.	1. 2. 3.

내 친구를 소개합니다

이름		성격	학습	신체
	강점			
	약점			
	배려할 점			
	강점			
	약점			
	배려할 점			

양식 다운로드

게 도움이 되면 강점이고, 도움이 되지 않으면 약점으로 생각하게 해 적어보게 하면 아이들이 자신의 특징을 좀 더 쉽게 찾아서 적을 수 있어요. 장점과 단점으로 단순히 나누어 생각하는 것과 달리, 강점과 약점을 찾는 것은 내가 평소 장점이라고 생각했던 것이 때로는 약점이 될 수 있음을 인식하거나, 단점이라고 생각했던 부분이 때로는 강점이 될 수 있음을 인식하게 하는 효과가 있습니다.

예를 들어 '나는 성격이 급하다'를 강점으로 보면 '나는 성격이 급해서 해야 할 일을 빨리 끝낸다'라고 생각할 수 있고, 약점으로 보면 '나는 성격이 급해서 실수할 때가 있다'라고 할 수 있지요. 저학년은 강점과 약점을 적어보는 것이 어려우므로, 내가 좋아하는 것과 싫어하는 것을 찾아 단어로 적고 친구들과 이야기를 나누는 시간을 충분히 가지면 좋습니다.

학생 개별 상담

교사들이 학급에서 가장 많이 활용하는 상담의 유형이 개별 상담일 겁니다. 하루에도 몇 번씩 일어나는 교실 내 갈등 상황을 중재하기 위해서는 개별 상담이 필수지요. 꼭 갈등 해결을 위해서만이 아니라 평소에도 하루에 한 명씩 점심 시간 10분이라도 이용해서 대화하는 시간을 가지면 아이들을 이해하는 데 많은 도움이 되고, 아이들과 마음을 합해 즐거운 한해살이를 꾸려가는 밑거름이 됩니다. 아이들과의 일상적인 대화는 편안한 분위기에서 아이의 생활에 대해 듣고 아이에 대해 알아가는 시간으로 사용할 수 있지요. 그런데 갈등 상황을 중재하거나 문제행동을 보인 학생을 상담할 때는 이후에 사건이 어떻게 흘러갈지 생각하느라 교사 또한 다소 긴장되고 불안할 수 있어요. 여기서는 갈등 상황을 중재하는 형태의 개별 상담을 어떻게 진행하면 좋을지에 중점을 두고 이야기해보겠습니다.

▪ **사례**

ㄱ과 ㄴ이 한 무리 안에서 서로 친하게 지내고 있었습니다. ㄴ이 그룹의 리더 격이었고, ㄱ은 ㄴ과 사이가 좋아 보였습니다. 그런데 어느 날 ㄱ이 ㄴ 때문에 힘들다며 ㄴ이 했던 행동 중에 그동안 마음에 들지 않았거나 받아들이기 힘든 행동을 이야기하기 시작합니다. 그래서 교사는 상황이 더 심각해지기 전에 ㄴ과 이야기해 ㄱ과의 사이를 중재하고자 합니다.

학생 상황을 고려해 상담 약속 정하기

위와 같은 상황일 경우, 쉬는 시간이나 점심 시간처럼 짧은 시간 안에 상담하기는 어렵지요. 이처럼 방과후에 상담할 수밖에 없는 상황인 경우, 먼저 학부모에게 학생과 대화를 나눌 필요가 있는 일이라

방과후에 상담하게 된 상황을 전화로 안내하세요. 일반적으로 문제를 일으킨 학생 경우에 주로 방과후까지 상담하게 되는데, 학부모에게 이에 관해 말할 때 학생의 잘못만 부각하는 느낌을 주지 않도록 주의할 필요가 있어요. 학생의 주변에 생긴 일과 학생의 반응을 교사의 감정이나 판단이 들어가지 않게 사실만 가지고 간략히 이야기하고, 이 부분에 관해 아이와 이야기할 필요가 있어서 방과후 시간을 사용한다고 안내하면 됩니다. 아이의 잘못을 말하느라 너무 사무적인 말투보다는 아이의 상황을 살펴보고자 한다는 느낌의 따뜻한 말투가 향후 학부모와의 사이에서 일어날 수도 있는 문제를 사전에 차단하는 데도 도움을 주지요. 그럴 것 같으면 차라리 전화 안내를 하지 않는 게 좋지 않을까 싶겠지만, 학부모라면 누구나 자녀의 일과에 변화가 생겼을 때 무슨 일이 있는지 걱정하니 미리 이야기하는 것이 학부모의 협조를 끌어낼 수 있는 방법입니다.

문제행동이 있는 학생의 경우, 방과후 스케줄이 바쁘다며 도망갈 구실을 만드는 아이들도 많고, 학부모 또한 굳이 학원 시간 빼가면서 상담해야 하는가 불평하는 경우도 있습니다. 이런 태도를 보면 속상한 것이 당연하지만 아이도 부모도 교사의 마음까지 생각이 미치지 않아 그런 것이니 그런 태도로 인해 상처받지 말고, 아이의 이야기를 듣고 도와주기 위한 것이라고 알리고 오늘 방과후에 상담한다고 안내하면 됩니다. 이런 학부모에게는 '상담은 1시간 정도 걸릴 것 같습니다. 더 오래 걸리면 문자를 드리겠습니다'와 같이 끝나는 시간을 이야기하고 시간에 맞게 진행하면, 학부모도 끝나는 시간을 예측할 수 있고 교사도 상담이 늘어지지 않게 조절하는 방법이 되지요.

간단하게 끝날 상담이라면 쉬는 시간이나 점심 시간을 이용하는 것이 좋지만, 앞의 사례처럼 그대로 두면 어쩌면 학교폭력으로 이어질 것으로 보이는 성격의 사건이라면 다른 학생들에게 미술 같은 교육 활동을 시켜두고 교실 한쪽에서 따로 불러 조용히 이야기하거나, 교과 전담 시간에 해당 학생만 따로 불러 사건이 생긴 당일에 상황을 파악해두는 게 좋습니다.

하고 싶은 말, 궁금한 점 미리 정리해두기

먼저 학생에게 문제가 되는 그 상황에서 어떤 말과 행동을 하게 됐는지, 관련된 사람은 누구인지, 자신이 바라는 것은 무엇인지, 어떻게 해결하면 좋을지 이런 내용을 기록할 양식을 주고 자세하게 기록하도록 합니다. 이 과정에서 학생 본인도 생각을 정리하면서 문제의 원인이 무엇이고 어떻게 해결해야 할지 생각해볼 수 있지요.

학생이 글을 쓰고 나면 그 글을 보면서 사건에 드러난 아이의 감정은 무엇인지, 그 이면에 있는 감정은 무엇인지 생각해보고 상담을 준비하면 됩니다. 앞의 사례에서는 ㄴ이 먼저 양식에 따라 기록했으며, 그 기록을 보고 관련된 친구들의 기록도 받아서 갈등 해결에 도

3-2. 관계회복을 위한 사안확인서

<table>
<tr><th colspan="4">이런 일이 있었습니다</th></tr>
<tr><td colspan="4">학년 반 이름:</td></tr>
<tr><td>언제</td><td></td><td>어디에서</td><td></td></tr>
<tr><td>누구와
어떤 일이 있었나요?
(간단히)</td><td colspan="3">더 자세한 내용은 뒷장에 쓰세요.</td></tr>
<tr><td>일어난 일을 본
사람 이름</td><td colspan="3"></td></tr>
<tr><td rowspan="2">내가
잘못한 점</td><td colspan="3">이런 행동을 잘못했습니다.</td></tr>
<tr><td colspan="3">영향(피해)을 받은 사람은 누구이고 어떤 영향(피해)를 받았을까요?</td></tr>
<tr><td rowspan="2">상대방이
잘못한 점</td><td colspan="3">이런 행동이 나의 기분을 나쁘게 했습니다.</td></tr>
<tr><td colspan="3">상대방이 어떻게 행동하길 바라나요?</td></tr>
<tr><td>일어난 일을 어떻게
해결하고 싶은가요?</td><td colspan="3"></td></tr>
<tr><td>일어난 일을 해결하는 데
어떤 도움이 필요한가요?</td><td colspan="3"></td></tr>
<tr><td>일어난 일이 다시 일어나지
않게 하려면 어떻게
행동해야 할까요?</td><td colspan="3"></td></tr>
</table>

<table>
<tr><td>누구와
어떤 일이
있었나요?

일이
일어난
순서대로
자세히
쓰세요.</td><td></td></tr>
</table>

*출처: 인디스쿨 사이트의 생활인성부 게시판, '관계회복을 돕는 사안진술서' 양식 재인용(작성자 대조영)

양식 다운로드

움을 받았습니다. 옆에 제시한 양식은 '사안확인서'라고 되어 있지만, 학생들에게 말할 때는 사안확인서를 쓰라고 하기보다는 "이것은 너희의 상황을 돕기 위해서 기록해보는 거야. 어떤 일이 있었는지 정확하게 알아야 선생님이 도와줄 수 있으니 최대한 자세하게 적어보자"라고 말하는 편이 좋습니다. 사안확인서, 진술서, 경위서 같은 표현을 직접적으로 사용하는 것은 반감을 일으킬 수도 있으니, 학생들이 관계 속에서 생긴 문제에 대해 편안한 마음으로 쓸 수 있도록 용어에서도 배려할 필요가 있습니다.

긴장 풀기 이후에 상담 시작하기

학생이 긴장된 자세를 유지하게 하는 것보다는 오히려 마음을 편안하게 해주는 것이 정말 필요한 이야기를 쉽게 꺼내고 문제를 해결하는 데 도움을 주지요. 필요하면 따뜻한 차나 간식을 주면서 이야기하는 것도 좋아요. 학생의 지금 마음 상태는 어떤지도 물어보고, 방과후 상담의 경우, 오늘 일정에 대해 부모님에게 미리 이야기해두었으니 걱정하지 않아도 된다고 안심도 시켜주면서 편안한 상태에서 학생의 상황에 관해 이야기하면 부드럽게 상담을 진행할 수 있어요.

▪ 대화 예시

선생님: ㄴ아, 요즘 학교 올 때 기분이 어때?

ㄴ: 그냥 그래요.

선생님: 그렇구나. 오늘 학교 끝나고 학원 있었어?

ㄴ: 영어학원에 바로 가야 했는데, 오늘 (학교에) 남아서 안 가도 되지요.

선생님: 그래. 엄마한테 말씀드렸으니까 학원은 걱정하지 말고 오늘은 선생님이랑 이야기하자.

ㄴ: 네!

학생 이야기 경청하기

아이들이 어떤 행동을 할 때는 이유가 다 있지요. 야단치기 전에 아이가 왜 그렇게 행동했는지 먼저 물어보면 갈등 상황에 이르는 것을 막을 수 있습니다. 교사가 하고자 하는 행동은 경찰이 하는 수사가 아니라 아이의 문제 상황을 해결하고 아이의 성장을 돕기 위한 상담입니다. 윽박지르는 느낌의 "왜 그랬어!"가 아니라 "네가 그렇게 한 이유가 무엇인지 궁금하구나"라는 느낌으로 "왜 그랬어?"라는 질문을 던져주세요.

또 아이가 그 이유를 말할 때 교사의 판단은 말하지 말고, 먼저 아이의 이야기를 들어주면서 "네 입장에서는 그렇게 생각할 수도 있었겠구나" 하고 인정해주세요. 그다음 아이가 그때의 기분과 앞으로의 바람을 차근차근 이야기할 수 있게 도와주면 됩니다.

▪ **대화 예시**

선생님: 친구들과의 사이에서 불편한 점은 없었어?

ㄴ: 저는 잘 모르겠는데 ㄱ이 불편하대요?

선생님: 너는 별로 불편한 점은 없었나보구나. 그런데 ㄱ이 뭔가 불편할 것 같은 일이 있었어?

ㄴ: 그냥 그런 것 같아서요.

선생님: 네가 생각할 때 ㄱ이 불편했을 것 같은 일이 무엇인지 짐작되는 것이 있으면 한번 적어볼래?

ㄴ은 짐작되는 사건을 앞에 제시한 사안확인서에 적었고, 이것은 ㄱ이 불편해한 일과 사건이 일치했습니다. 물론 각자 입장에서 기록했기 때문에 추가로 이야기가 필요했지요.

이제 뒤에 나오는 대화 예시가 너무 동화 같다고 생각할지도 모르겠습니다. 그룹(패거리)의 리더인 아이들이 저렇게 사랑스럽게 말할 수 있다는 것을 상상하기는 어렵지요. ㄴ의 경우, 성격이 강한 아이지만 눈치가 있는 아이였습니다. 그리고 평소에 아이가 친구들을 괴롭게 할 것 같은 상황이 생길 때마다 제가 얼른 보고 안아주면서(당

■ 대화 예시

선생님: 너는 ㄱ이 ㄷ한테 너에 대해서 뒷담화한다고 느꼈던 거구나.

ㄴ: 맞아요. 걔는 앞에서는 말 안 하고 꼭 뒤에서 그래요.

선생님: 그래. 그러면 ㄱ은 왜 너한테 직접 말하지 않고 뒤에서 말할까?

ㄴ: 몰라요. 그니까 걔가 이상한 거죠.

선생님: 혹시 너의 눈빛이 무서웠던 건 아니고?

ㄴ: 에이! 제 눈이 이렇게 예쁜데요?

선생님: 그러게. 선생님이 보기에도 네 눈은 예쁘다만 친구들이 보기에 따라서는 네 눈빛이 좀 무서울 수도 있어. 말할 때 눈에 힘을 좀 빼면 어떨까?

ㄴ: 뭐…… 그래볼게요.

연히 교사와 동성일 때 가능합니다!) "사랑하는 ㄱ아, 선생님이랑 이야기하자" 하고 한쪽으로 데리고 가서 이야기도 들어주고 상황을 바꿔주곤 했습니다. 그래서 저렇게 고분고분하게 행동했지만, 학생의 성격이 다르다면 또 다른 상황이 전개될 수도 있겠지요.

하지만 아이의 성격이 어떻든 중요한 것은 평상시에 아이가 '선생님은 나를 사랑하신다'라고 최소한 착각이라도 하게 만들어두어야 한다는 것입니다. 그 정도가 되면 선생님도 아이에 대해 없던 사랑의 마음도 생길 정도가 됩니다. 그렇지 않으면 아이는 교사의 말을 곡해해서 듣기 쉽고 지도가 점점 어려워지지요.

이 사례의 ㄴ은 다음 학년에 올라가자마자 친구들과 골이 깊어져 학교폭력 심의를 받게 되었습니다. 그래도 심의 절차 이후에는 본인이 어디까지 행동해야 할지 좀 더 잘 알게 된 것 같았어요. 교사로서는 학생이 자신의 마음을 적절한 언어와 행동으로 표현할 수 있도록 가르치고 도와주는 것이 우선이지만, 때로는 학교폭력 절차를 밟고서라도 바른 행동을 배울 수 있게 지켜보는 것도 멀리 보면 학생에게 도움이 될 수 있습니다.

앞으로의 결심과 행동에 관해 이야기 나누기

사실 상담을 하다보면, 문제를 해결하는 방법을 아이들도 알고 있는 경우가 대부분입니다. 그래서 앞으로 어떻게 하면 좋을지 스스로 말하게 합니다. 자기가 말한 것은 아이들도 지키려고 노력하기 때문에 교사와 억지로 작성한 행동계약보다도 효과가 더욱 좋습니다. 학생 상담의 목표는 같은 잘못을 반복하지 않고 한 단계 성장하도록 돕는 것입니다. 같은 일이 일어나지 않게 하려면 어떻게 해야 할지도 생각하게 하고 다짐을 기록할 수 있도록 도와주는 해결 과정이 더욱 중요하지요. 앞에 나온 사안확인서 양식에 간단히 적게 해도 좋습니다.

아이들이라서 다짐이 오래가지는 못하겠지만, 그때마다 "선생님하고 저번에 어떻게 약속했지?" 부드럽게 상기시키면 아이도 다시 기억해내고 잘하려고 노력하니까요. 앞서 말씀드린 ㄴ학생의 경우, 아이의 눈빛이 험악해질 때, "ㄴ아, 예쁜 눈~" 하면 "에이, 선생님~" 하고 웃으면서 지키려고 노력하는 모습을 그래도 볼 수 있었습니다.

학부모와 상담 결과 공유하기

이후 학부모와 상담 내용을 공유할 때는 먼저 학부모가 마음을 열 수 있도록 부드럽게 이야기를 꺼내고 사실 중심으로 이야기할 필요가 있어요. 교사의 의견이 아닌, 사실만 가지고 이야기해야 나중에 학교폭력 사건이나 교사의 아동학대로 번질 수 있는 상황을 예방할 수 있습니다. 앞에서도 말했지만, 자녀가 선생님과 상담해야 하는 상황을 인지한 순간, 학부모도 긴장한 상태이므로 편안하게 느낄 수 있도록 사무적인 말투보다는 따뜻한 어조로 말하는 편이 좋은 대화를 이끌어가는 방법입니다. 예를 들어 이렇게 말하는 것이지요.

교사: 우리 살구가 이야기를 잘해줘서 그때 어떤 상황이었는지 잘 알 수 있었어요. 제가 본 상황은 ________이었는데, 왜 그랬는지 물어봤더니 ________라고 하더라고요. 그래서 어떻게 하고 싶은지 물었더니 ________하고 싶다고 해서 그렇게 하기로 했습니다. 우리 살구가 오늘 이야기 너무 잘해주어서 고맙고요. 앞으로 ________하기로 했으니 가정

에서도 잘 지켜봐주시고 그렇게 실천할 수 있도록 도와주시면 감사하겠습니다.

다들 경험했겠지만, 이렇게 공들여 상담해도 아이가 한 번에 좋아지지는 않지요. 대개 이미 가정에서 누적된 문제가 학교에서도 표출된 것일 뿐이라, 교사의 노력 몇 번으로 아이가 크게 변할 수는 없겠지요. 조금씩 나아지면 감사한 일이고, 그래도 전혀 변화가 없는 아이라면 전문적인 상담기관의 도움이 필요한 상황일 것입니다.

때로는 상담 후에 학부모에게 항의받는 경우도 있지요. 교과 전담 시간을 이용해 상담하면 학부모가 수업을 못 받게 했다고 항의하기도 하고, 쉬는 시간이나 점심 시간을 이용하면 학생이 상담하느라 쉬지 못했다고 항의하기도 하지요. 또는 "우리 아이 이야기를 들어보니 선생님이 ______ 라고 하셨다던데"라면서, 선생님의 말투나 표현 하나하나를 꼬투리 잡는 학부모도 있고요.

이런 말을 듣게 되면 매우 속상하고 힘이 빠지지만, 상담을 통해 학부모 본인이 원하는 결과가 나오지 않았기 때문에 하는 행동이니 너무 속상해하지 말고, 교사로서 아이의 더욱 나은 학교 생활을 위해 최선을 다하고 있다는 것을 좋은 말로 전하는 게 좋습니다.

대개 학부모가 원하는 것은 자기 아이 입장에서 많이 들어주고, 아이가 손해를 입었다고 생각되는 부분을 회복시켜주는 것입니다. 그러한 부분을 해결해주거나 해결 방법을 함께 모색하는 것만으로도 학부모의 마음이 풀리기 마련입니다. 물론 학부모의 교육 활동 침해 행위가 심한 경우, 학교에 교권보호위원회를 열 것을 요청하고 교원 단체나 교사노조의 도움도 받는 것이 좋습니다(이외에도 신규교사들이 많이 문의하는 다양한 상담 사례를 책 뒤의 부록에 추가로 수록해두었으니 참조하면 도움이 될 겁니다).

3장

학부모 상담:
학생의 성장을 위한 동맹

이제 많은 신규교사가 어려워하는 학부모 상담에 관해 이야기하겠습니다. 우선 학부모와의 상담 역시, 문제가 있을 때만 상담한다고 생각하기보다 평소에도 학부모와 아이의 활동이 담긴 사진 등을 통해 소통하는 기회를 자주 만들면 문제가 생겨 상담할 때도 감정적인 교류가 어느 정도 형성된 상태에서 수월하게 상담을 진행할 수 있겠지요. 학년 초에 가정환경실태조사서를 작성하고 개인정보제공 동의서를 받을 때, 학생들의 수업 활동 사진이나 영상을 학급 밴드나 〈학교종이〉 앱 등에 공유하는 것과 관해 동의 여부를 함께 조사하고, 동의한 경우에 한해 사진과 영상을 공유하면 좋습니다.

저는 아이들과 학교 주변 공원으로 나가서 산책하는 사진, 아이들이 제작한 미술 작품 사진, 수업 시간의 토론이나 연극, 또는 장기자랑 영상을 학급 커뮤니티에 종종 공유하곤 합니다. 가끔 "우리 아이는 왜 안 보이나요?" 등의 말로 불평하는 학부모들도 있지만 그렇다고 의욕이 꺾여서 소통 자체를 그만둘 필요는 없어요. "오늘 예쁜 옷 입고 와서 잘 어울린다고 이야기도 했는데 사진 찍을 때 화면에 안 나오는 걸 순간 놓쳤네요" 하는 식으로 아이에게 관심을 두고 있다는 것을 표현하면 됩니다.

아이가 아파서 며칠 결석할 때도 충분히 관심을 보이면서 전화나 문자로 아이 상태도 물어보는 게 좋습니다. 그러면서 결석신고서나 진단서 등 서류 이야기도 하면 훨씬 부드럽지요. 평소에 학부모와 소통하는 기회를 얻고 학부모 마음을 열어두면, 아이들에게 어떤 일이 일어났을 때 혹은 아이들이 문제행동을 보였을 때도 이야기 나누기가 좀 더 수월해집니다.

학부모 상담 주간 운영하는 방법

3월 말이나 4월 초가 되면 학교에서는 학부모 상담 주간을 운영하지요. 학부모 상담 주간을 의례적인 행사라고 여겨 형식적으로 상담하는 것보다는 교사와 학부모, 학생 모두에게 도움이 되는 방향으로 상담할 수 있도록 미리 준비하는 게 좋습니다.

1학기 학부모 상담은 아직 교사가 아이들과 만난 지 얼마 되지 않은 시기이므로, 학부모도 자녀에 대해 교사가 많이 파악하고 있을 거라고 기대하는 경우는 거의 없어요. 1학기 상담은 학부모에게서 가정에서의 자녀 모습이나 가정환경, 또는 그동안 유치원이나 학교에서 생활하면서 있던 이야기 등 학생에 대해 알아둘 사항을 듣고, 선생님의 교육관에 관해서도 이야기하면서 학생의 성장에 관한 기대치와 관심 분야 등 1년간의 학교 생활에 대한 전망을 공유하는 시간이라고 생각하면 됩니다.

2학기 학부모 상담은 교사도 학생의 특징을 충분히 파악한 상황이므로, 학급에서 보이는 학생의 모습을 장점 위주로 말한 다음에 고쳤으면 하는 부분에 관해서도 말하면 됩니다. 학부모 상담 준비는 보통 학교에서 절차와 자료를 안내하니 그에 따라 준비하면 순조롭습니다.

학부모 상담 안내장 배부와 일정 정하기

학교에서 준비한 상담 안내장을 배부하고, 학부모가 신청하는 시간을 봐서 겹치지 않게 조정합니다. 조정 과정에서 필요에 따라 문자나 전화로 연락하다보면 궁금한 부분이 다 해소되어 굳이 따로 상담하지 않아도 되겠다고 말하는 학부모도 있어요. 보통 30분당 한 분씩 상담하도록 잡는데, 너무 많은 학부모가 하루에 몰리면 깊이 있는 상담을 진행하기도 어렵고 체력적으로도 어려울 수 있으니 감당할 수 있을 만큼 하루 일정을 잡는 게 좋습니다.

일정이 확정된 다음에는 표로 정리해서 사진 파일로 학부모에게 문자 메시지로 공유합니다. 교사도 학부모도 그러면 일정을 확인하기가 수월하지요. 문자 메시지를 보낼 때는 '○학년 ○반 담임 □□□입니다. 우리 △△이 상담은 ○월 ○일 ○시 ○분이오니 잊지 말고 전화해주세요'와 같이 써서 보내면 더욱 좋습니다.

학부모 상담을 위한 사전 질문지 배부하기

학교에서 정해진 질문지 양식을 사용할 수도 있고, 없다면 학부모와 나누고 싶은 주제를 담아 직접 질문지를 만들어 사용할 수도 있어요. 우리 학교에서 사용하는 사전 질문지를 예시로 보여드리니 참고하세요.

3-3. 학부모 상담을 위한 사전 질문지 양식

교육 상담을 위한 기초조사 자료

양식 다운로드

○○ **초등학교**

* 올바른 교육 상담을 위하여 최대한 정확한 정보를 제공하여 주시기 바랍니다.

학생 이름		학년 반		작성자	부, 모, 조부, 조모, 기타…

1. 부모가 바라보는(생각하는) 우리 아이

항목	**만족도** (해당되는 곳에 표)	**해당 항목에 대한 부모님의 판단이나 의견을 써주시기 바랍니다.** (장단점, 기대, 우려 등)
성품과 성격	매우 만족 보통 불만족	
학습 능력과 습관	매우 만족 보통 불만족	
생활 습관	매우 만족 보통 불만족	
사회성 (타인 배려, 대인관계)	매우 만족 보통 불만족	
부모가 파악하는 자녀의 소질과 특기		

2. 다음 사항을 솔직하게 작성하여 주십시오.

1. 자녀의 건강 상태, 식습관	
2. 하루 중 텔레비전 시청 시간(평균)	
3. 취침 시간, 기상 시간(평균 수면 시간)	
4. 일주일 평균 컴퓨터·인터넷 사용 시간과 종류	사용 시간과 사용 종류 : 즐기는 게임 이름 :
5. 일주일 중 자녀와 함께하는 시간(대화, 놀이 시간 평균)	
6. 부모로서 자녀에게 미안하고 안타까운 것이 있다면?	
7. 학교 외 학습 활동	
8. 자녀에 대하여 갖고 있는 가장 큰 걱정이나 우려	

상담 주제와 내용 준비하기

사전 질문지를 바탕으로 학부모가 궁금해하는 부분에 대해 답변할 자료를 모아두고, 학생의 학습 태도나 생활 습관, 교우 관계 등에서 특별히 하고 싶은 말이 있다면 관련 자료도 준비해두세요.

아이들도 새 학년이 되면 새 출발을 하고 싶어 하기에 3월부터 교우 관계에 문제가 있는 학생은 많지 않습니다만, 자신의 잘못된 행동을 어쩔 방법이 없는 아이들이라면 기록해둘 것이 좀 있을 겁니다. 생활 습관이나 교우 관계를 점검하기 위해 매달 간단하게 쪽지 상담(비밀 상담)을 하면 상담 자료로 사용하기 좋습니다.

3-4. 쪽지 상담 양식

○월 쪽지 상담

양식 다운로드

학년 반 번 이름:

1. 요즘 학교 생활을 하면서 어렵거나 불편한 점이 있나요?

2. 우리 반 학생 중 이 친구와는 조금 불편한 점이 있다 하는 친구가 있나요? 그 이유는?

3. 최근에 우리 학교 학생에게 돈을 갈취당하거나 폭력 등을 당한 적이 있나요? 있다면 자세히 적어보세요.

4. 우리 가족에게 새로운 변화가 생겼거나, 안 좋은 일이 있었나요?

5. 최근에 고민이 있나요? 작은 일이라도 적어보세요.

※ 이 쪽지 상담은 비밀이 보장되니 솔직하게 적어주세요.

실제 상담 진행하기

코로나19로 인해 요즘은 그다지 대면 상담을 하지 않지만, 대면 상담을 한다면 학부모가 편안하게 느낄 수 있도록 교실에 있는 책상을 이용해 약간 거리를 두고 마주 보고 앉게 배치하면 좋습니다. 교사는 교탁에 앉고 학부모는 학생 책상에 앉는다면 편안한 상담이 이루어지기 어렵지요. 이때 따뜻한 차도 곁들여놓으면 학부모도 편안하게 느끼고 마음을 열고 상담하는 분위기를 만들 수 있어요. 자녀의 학교에 학부모로 상담하러 가는 것은 같은 교사일지라도 긴장되는 일이니, 교사가 이렇게 배려하면 학부모는 교사의 따뜻한 마음을 느낄 수 있고, 서로 신뢰를 쌓을 수 있는 바탕이 되지요.

전화 상담을 하는 경우, 이미 문자 메시지를 보내뒀으므로 학부모가 전화하겠지만, 간혹 생업이 바쁜 경우 깜박 전화하기를 잊는 경우도 있어요. 5분이 지나도 전화가 오지 않으면 교사가 먼저 전화해서 "어머님께서 바쁘신 것 같아서 제가 전화를 드렸습니다" 하면서 전화하면 좋습니다. 대부분의 학부모는 이런 배려를 감사하게 받아들이며, 더 좋은 분위기에서 대화를 진행할 수 있습니다. 학부모가 전화하지 않으면 상담을 안 하면 된다고 말하는 교사도 있는데, 바빠서 시간을 깜박 놓친 학부모에게 '어머님, 바쁜 일로 상담 시간을 잊으신 것 같아요. 다음에 상담 시간을 다시 잡을까요?'라고 문자 메시지라도 보내면 학부모 마음속에도 교사에 대한 고마움과 신뢰가 자리 잡게 됩니다. 이런 작은 일이 쌓여 혹시 나중에 큰일이 생기더라도 학부모가 교사를 믿고 해결의 실마리를 함께 찾아갈 수 있는 바탕이 되니, 평소에 학부모와 작은 신뢰를 쌓을 기회를 놓치지 않기를 바랍니다.

상담의 내용은 "어머님도 바쁘실 텐데 시간 내어 상담을 신청해주셔서 감사합니다. 우리 호두는 집에서 학교 생활에 관해서 이야기를 잘하나요?" 같이 가볍게 시작해서, 학부모가 사전 질문지에 밝힌 내용을 중심으로 하나하나 이야기를 나누면 됩니다.

앞에서 말한 것처럼 언제나 상담의 시작은 학생의 장점을 말하는 것으로 시작하는 게 좋습니다. 학생의 학교 생활에 문제를 일으킬 수 있는 큰 단점이 아니라면 굳이 언급하지 않고, 아이의 발전 가능성에 관해서만 말해도 좋고요. 학생의 단점을 말해야 할 때는 학생의 장점을 말하는 것으로 마음의 장벽을 낮춘 다음에, "저번에 호두가 이렇게 행동한 적이 있었어요. 그런데 이런 행동이 반복되면 ______한 문제가 생길 수도 있어서 제가 잠깐 호두와 이야기를 했습니다. 큰일은 아니었으니 야단치지는 마시고 어머님께서도 한번 가만히 이야기해 보세요."와 같이 언급하면 좋겠습니다.

상담 이후 피드백하기

상담을 마친 이후에는 상담 내용에 따라 학생과 추가 상담이 필요할 수가 있어요. 학생에게 "선생님이 보니까 네가 _____한 부분이 있던데, 선생님 도움이 필요한 부분이 있을까?"와 같이, 학부모와 어떤 말을 나눠서 학생과 상담하는 것이 아니라 선생님이 너에게 관심을 가지고 관찰하는 중에 이런 부분을 발견했다는 뉘앙스로 말하면, 교사가 자신에게 관심을 가진다는 느낌에 학생의 마음이 좀 더 쉽게 열리는 효과가 있지요. 선생님이 네게 관심이 있으며, 필요할 때 언제든지 도움을 요청해도 된다는 메시지를 전해주고, 상담 내용에 대해서는 1년간 꾸준히 관심을 가지고 지도하는 것이 좋습니다.

한편 학부모 상담을 할 때, 자녀의 어린 시절이나 가정 문제 등의 이야기를 끝없이 늘어놓으며 잡담하듯이 이야기하는 학부모의 말은 적절히 끊어주라고 하는 경우도 있습니다. 하지만 문제가 있는 학생의 학부모와 이야기할 때는 그런 이야기도 잘 들어주는 것이 학부모와의 공감대 형성을 위해서도, 지금 아이의 문제가 시작된 원인을 찾기 위해서도 도움이 될 수 있어요. 상담 시간을 넉넉하게 잡고 하루에 너무 많은 상담을 잡지 않도록 배치하면 부담도 덜면서 학부모의 이야기도 자세히 들어줄 수 있겠지요.

몇 년 전 제가 6학년을 담임했을 때 일입니다. 한눈에 봐도 피해의식이 가득한 아이가 있었어요. 늘 억울하다고 말하고, 왜 나한테만 그러냐고 하면서 자주 남 탓을 하는 아이였지요. 첫 주에 아이 어머니에게 전화를 드렸는데, 어머니 역시 아이의 상태에 대해 남 탓을 하는 것을 보고 아이가 왜 그러는지 이유를 짐작할 수 있었습니다.

답답한 마음을 누르고 "어머님, 참 힘드셨겠어요" 하면서 맞장구 쳐가며 이야기를 들어드렸더니 한 시간가량 아이의 어린 시절부터 가정 문제까지 다 이야기를 했습니다. 그래도 이후에 어머니는 저에 대한 신뢰가 생긴 것 같았지요. 학교 생활 중에도 아이가 친구들과 사건이 있을 때면 자기 잘못은 쏙 빼놓고 말할 것이 뻔해서, 저는 늘 먼저 어머니에게 전화해 이러저러한 상황이었다고 사실만 전했습니다. 어머니는 제 이야기를 듣고 자신의 아이가 억울한 상황은 아니라는 것을 알았고, 이전 학년에서 담임 교사에게 늘 불평하던 어머니도 저의 지도에 불만을 표하지 않았지요.

1학기 초에 처음 학부모 상담을 할 때는 많이 들어주되, 단순히 하소연하거나 별 필요 없는 내용으로 시간을 가리지 않고 자주 전화하는 학부모에게는 '회의 중입니다' 같은 문자를 보내고 전화를 받지 않아도 됩니다. 이런 상황을 예방하기 위해서 학기 초에 가정통신문으로 담임 소개를 할 때 상담 가능 시간을 명시해서 보내는 게 좋지요. 상담 가능 시간을 명시해서 통신문으로 혹은 문자 메시지로 보내도 이를 읽지 않고 아무 때나 전화하는 학부모도 있어요. 이런 학부모에게는 '상담 가능 시간은 3시부터 4시 반까지입니다. 급한 연락은 문자로 보내주세요'와 같이 문자 메시지를 다시 보내면 됩니다.

4장

잘못된 상담의 다양한 실제 사례

앞에서는 상담과 관련해 일반적인 관점을 이야기로 나눴습니다. 그런데 실제 사례만큼 구체적으로 어떻게 상담해야 할지 알 수 있는 자료도 없지요. 제가 그동안 겪었던 상담 또는 학생지도 사례 중 기억에 남는 몇 가지를 제시하면서, 교사가 이때 어떻게 했어야 좋았을지 이야기를 나눠봅니다.

1학년 학생 다툼에서 시작된 학부모 전체 상담 사례

1학년을 오래 맡은 교사들은 1학년 학부모를 두고 "아이가 1학년이면 부모도 1학년이다"라고 말합니다. 첫째 아이를 1학년에 입학시키는 학부모는 마치 자신이 1학년에 입학하는 듯이 설레고 긴장하기 마련이라 그렇게 이야기하는 것일 테지요. 저도 제 아이를 초등학교에 입학시킬 때 세 아이 모두 제각각 느낌이 달랐던 기억이 있어요. 첫째를 입학시킬 때는 제가 입학하는 양 설레고 긴장했는데, 둘째는 '음, 입학하는구나' 정도의 느낌이라면, 막내는 '드디어 육아에서 해방이다'라는 느낌이었지요.

그만큼 첫째 아이를 입학시키는 학부모와 둘째 이하 아이를 입학시키는 학부모의 생각과 태도는 다릅니다. 첫째 아이를 입학시키는 학부모는 아이의 학교 생활에 대해 기대도 많은 만큼 걱정도 많기 때문에 아이의 학교 생활이나 유치원과 다른 학교의 규칙에 대해 좀 더 세심한 안내가 필요해요. 물론 1학년은 아이가 겪는 첫 번째 학교 생활이라는 점에서, 아이의 형제 서열과 관계없이 아이에 대한 자상한 배려와 학부모에 대한 세심한 안내가 필요한 학년이지요.

첫째 아이를 입학시킨 다음 해, 저도 학교에서 1학년 담임을 맡게 됐습니다. 그때 저는 '내 아이도 입학시켜봤으니 1학년 교사, 잘할 수 있겠지' 하는 막연한 생각으로 1학년을 맡았습니다. 하지만 아직 제 아이들도 어리다는 점을 간과한 게 그해에 학급경영이 상당히 힘들었던 요소로 작용했지요. 아이들이 어리다보니 일찍 출근할 수 없었는데, 1학년 학급은 정말 교사가 일찍 와서 준비해야만 하루가 좀 더 평온하게 흘러갈 수 있는 학년이라는 점에서 어려움을 겪을 수밖에 없었지요. 더구나 그 반에 무척 활달한 아이들이 많았는데, 저보다 일찍 온 아이들이 기싸움을 하며 이른바 서열을 정리하고 있었던 겁니다. 1학기가 끝나갈 때쯤, 한 어머니가 "학부모들 여론이 안 좋아요. 이거 학교폭력 아니냐, 하는 말이 나와요"라며 걱정스러운 마음에 살짝 귀띔해주었지요. 당시는 '학교폭력'이라는 단어가 막 등장하기 시작할 때였던지라 학부모들도 막연한 불안감을 가지고 있었고, 첫째를 입학시킨 한 어머니는 아이가 친구랑 다투고 오면 "이것이 말로만 듣던 학교폭력인가요?" 묻기도 하는 상황이었지요.

그래서 고민 끝에 아예 터놓고 이야기할 수 있는 자리를 만들자는 생각이 들어 학부모들을 학교로 모셨습니다. 그리고 제가 먼저 아침에 일찍 올 수 없는 형편을 말하며, 다음과 같이 이야기했습니다.

우리 아이들은 이제 1학년입니다. 아직은 아이들이 친구들과 어울리는 방법을 배워가는 과정이고, 그 과정에서 때로는 속상해하는 경우도 있지만 그러면서 스스로 해야 할 행동과 하면 안 되는 행동에 대해서 배우고 있습니다. 우리가 이런 모습들을 다 학교폭력이라고 하면서 피해자, 가해자를 나누면 아이들은 친구들이랑 싸웠다가도 화해하며 지내는 방법을 배울 수 없을 것입니다. '한 아이를 키우는 데는 온 마을이 필요하다'라는 속담이 있습니다. 어머님 아버님들께서 우리 아이들이 바르게 자라날 수 있도록 든든한 마을이 되어주십시오.

그리고 그 자리에서 자기 아이가 피해를 보고 있다고 생각했던 학부모, 내 아이를 가해자라고 지목하면 다 엎어버리겠다는 생각으로 왔던 학부모, 내 아이의 잘못에 대해 사과해야겠다고 온 학부모 모두가 서로의 이야기를 털어놓았습니다. 우리는 아이들을 보듬어가는 따뜻한 학급을 만들기 위해 함께 힘을 모으기로 하고 헤어졌습니다.

이 사례에서 제가 미숙했던 점은 첫째, 상황이 안 되는데 1학년 교사를 맡은 것이고, 둘째, 맡았으면 어떻게든 빨리 와서 일이 커지기 전에 아이들을 돌봤어야 했는데 그러지 못했다는 것이었지요. 그나마 잘했다고 생각하는 점은 사건이 더 커지기 전에 이 상황을 모두와 공유하고 서로 문제를 드러내놓고 협력할 수 있는 마당을 만들었다는 점이었습니다.

그 후로 저는 학생들에게서 눈을 떼지 않고 꾸준히 관찰하면서 사건이 생기기 전에 학생들 사이에 일어나고 있는 일에 대해 알고 있다는 메시지를 계속 주는 방식으로 사건의 원인을 차단했습니다. 그러면서 늘 아이들에게 관심을 보이고 교사로서 아이들을 돌보는 데 더욱 힘쓰게 되었지요.

학부모가 학교로 쫓아와서 교사를 협박한 사례

거친 학생이 많은 학교에서 6학년을 담임했을 때 일입니다. 학급

남학생 한 명이 특히 말을 잘 듣지 않고 자기 마음대로 행동했지요. 아이 아버지가 폭력적으로 아이를 다루다보니 학교 선생님이 좋은 말로 지도하는 것은 아이 귀에 들어오지도 않는 상황이었어요. 하도 마음대로 하니 벌로 남아서 청소하게 시켰습니다. 그것조차 하지 않고 도망가려고 해서 "열 셀 때까지 청소 시작 안 하면 세 대 맞는다" 하고 경고하고 숫자를 셌는데, 역시나 아이는 청소는 시작하지도 않고 웃고 있었습니다.

빈정거리는 듯한 표정에 화가 나서 붙잡아놓고 아직 하교하지 않은 친구들이 보는 상태에서 지시봉으로 세 대 때렸습니다. 아직 체벌이 조건적으로 허용되던 시기였던지라, 그렇게라도 지도해보려고 했는데 아이는 집으로 가버렸지요. 그러면서 바로 아버지에게 전화해서 선생님이 몽둥이로 자신을 팼다고 말했습니다. 학부모가 아이의 말만 듣고 학교로 욕을 하며 쫓아왔습니다. 오자마자 아버지는 학급 안내판 액자 유리를 주먹으로 깨고 난동을 부렸지요. 저는 아무 대응도 하지 않고 묵묵히 그 모양을 보고만 있었습니다. 잠시 후 아버지가 다소 진정하는 듯해서 그동안 아이가 쓴 반성문을 보여주고 이야기하려는데, 이번에는 어머니가 그걸 다 찢어버렸습니다. 결국 대화할 상황이 아니어서 가만히 있었지요. 그때 교무부장 선생님이 와서 무슨 일인지 말해보라며 학부모를 다른 곳으로 데려가서 더 큰 화는 피했습니다.

다음날 교장 선생님은 저더러 그 집에 같이 가서 사과해야 한다고 했지요. 기가 막힌 일이었지만, 지도 방법을 더 연구해서 제대로 지도했더라면 이런 일이 일어나지 않았을 텐데 저 자신에게 미안하다는 마음으로 결국 그렇게 방문해서 사과의 말을 하고 나왔습니다. 나중에 학부모도 아이가 부풀려서 말한 것을 알게 되었지만, 죄송하다는 말은 없었지요. 아이가 담배를 피운다는 소문도 돌고 다른 반 아이와 외부로 돌아다니려는 상황에서 제가 틈틈이 학부모와 연락하며 아이의 학교 생활을 전하니, 그제서야 아버지가 '그래도 이 선생님이 우리 애한테 진짜 관심을 가져주시기는 하네'라고 했다고 어머니가 전해준 말로 약간 위로받았던 사건이었습니다.

이 사건은 지금 같으면 교권보호위원회를 열어달라고 말이라도 할 수 있는 사건인 한편, 아동학대로 제가 고소당할 수도 있는 일이었어요. 그런 일을 당한 교사 입장에서는 정말 화가 나는 사건이었지만 제가 미숙했던 부분도 분명 있었습니다.

첫째는 아이의 마음을 고려하지 않고 친구들이 보는 앞에서 체벌했다는 점입니다. 당시 체벌이 부분적으로 허용되었다고는 해도, 체벌 자체가 교육적 효과가 없다는 것을 제가 인식하지 못했고, 안 그래도 친구들 앞에서 으스대기 좋아하는 아이가 그들 앞에서 체벌받았을 때 어떻게 느꼈을지 고려하지 못한 것이지요. 결국 교육적으로 효과는 전혀 없었고, 부작용만 낳았습니다.

둘째는 아이가 처음에 청소하지 않을 때, 혹은 그 이전에 마음대로 행동하는 일이 쌓였을 때 미리 아이의 마음을 들어보는 시간을 갖지 않았다는 점입니다. 아이가 아예 처음부터 도망가버린 것은 아니고 적어도 처음에는 남아 있었다는 것은 그래도 선생님이 남으라고 했는데 그냥 가면 안 된다는 생각 정도는 있었다는 것이지요. 그때도 아직 대화의 기회는 있었던 것입니다.

그런데 저는 그 상황에서 '대화'가 아니라 "열 셀 때까지 청소를 시작해라"라며 '지시'한 것입니다. 당시에는 아이의 마음을 움직여야 행동에 변화가 온다는 것을 미처 생각하지 못하고, 제 감정에 치우쳐 잘못된 지도와 판단을 한 셈입니다.

셋째는 학부모가 쫓아왔을 때 진정이 되기를 더 기다린 후에 대화를 시작했어야 했는데, 아이의 반성문부터 내민 것입니다. 저도 화나 있는 상태였기에 '당신들 자식이 이 모양인 거나 알고 그럽니까?'라는 생각으로 내민 것이고, 학부모도 '내 새끼 패놓고 내 새끼 잘못으로 돌리려는 거냐?'라는 생각에 더 화가 나서 찢어버린 것이지요. 준비된 사람에게나 반성문을 함께 살펴보는 것이 도움이 되지, 그런 상황에서 그 행동은 도움이 될 수가 없는데 불난 데 기름을 부은 꼴이었습니다.

성격 강한 학생과 잘못된 줄다리기를 한 사례

5학년 담임을 했을 때였어요. 그해 우리 반은 참 열정적이고 생각도 체격도 조숙한 아이들이 많은 편이었지요. 그중 여자아이 ㄱ은 키도 크고 목소리도 크고 말투도 강하고 눈빛도 강해서 아이들이 그 아이에게는 하고 싶은 말도 제대로 못하곤 했어요. 대개 이런 아이들이 선생님에게 잘 보이고 인정 욕구도 강한 편인데, 이 아이도 선생님에게 잘 보이고 싶은 마음이 강해서 학년 초에는 제게 와서 자꾸 뭔가 도와줄 일이 없는지 찾기도 했지요. 처음에는 이 아이랑 잘 지내야 1년이 편하겠구나 생각하고 적당히 거리를 두면서 지냈는데, 어느 날 체육 시간에 사건이 일어났습니다.

남학생과 여학생이 하고 싶은 운동이 달라서 남학생은 운동장에서 축구를 하고, 여학생은 강당에서 피구를 하게 되었습니다. 저는 양쪽을 왔다 갔다 하면서 아이들을 보고 있었는데, 남학생들은 즐겁게 축구를 했지만, 여학생들은 다툼이 일어났지요. ㄱ과 친했던 아이들이 피구가 하기 싫어 옆에서 구경만 하고 앉아 있던 게 사건의 시작이었습니다. 모범적이면서도 주장이 강한 여자아이 ㄴ이 있었는데, 그 아이가 하기 싫어도 체육 시간인데 같이 해야 하지 않냐며 앉아 있지 말고 들어오라고 했지요. 그러자 ㄱ이 왜 내가 하기 싫은데 들어가야 하냐며 싸움을 시작했습니다.

당시 저는 ㄱ이 평소에 수업 태도가 안 좋고, 역할을 대충해서 지적하면 말대꾸하면서 마음대로 하려는 경향이 있어서 역시 그 아이에게 마음이 안 좋았던 터였지요. 그래서 두 아이와 상담하면서 "체육 시간인데 네가 싫다고 안 하고 있으니까 이렇게 된 거 아니야?"라면서 ㄴ의 편을 드는 말을 해버렸습니다. 결국 ㄱ은 소리를 지르며 화내기 시작했고, 상담은 상처만 남긴 채 끝나고 말았지요. ㄱ의 어머니에게 이야기했더니 어머니는 "선생님이 힘드셨겠네요" 하면서도 "그런데 우리 아이도 덩치는 크지만, 아직 어린데요……"라고 말끝을 흐렸습니다.

그 후 ㄱ은 ㄴ과 더 심하게 싸우게 되었고, 결국 서로 무시하며 지냈습니다. ㄱ은 자기 친구들과 뭉쳐 학급에서 더욱 마음대로 행동하기 시작했지요. 수업 시간에 하고 싶은 대로 하고 있으면서 지적하면 지적당했다고 기분 나빠하고, 직접 지적하지 않고 "____하는 친구들도 있는데 그렇게 하지 않도록 노력합시다" 둘러 말하면 "아, 그냥 대놓고 말하지, 뭘 돌려서 말한대? 차라리 지적하세요" 이런 식이었습니다. 자기는 친구들에게 마음대로 하면서 다른 아이들이 자기에게 작은 실수만 해도 곧 죽일 듯이 화를 내면서 말로 죽여놓는 그 아이 때문에, 날이 갈수록 학교에 출근하기도 싫을 만큼 스트레스를 받았지요.

어느 날은 교탁에 올려둔 제 교과서에서 '호로××아'라는 낙서를 봤습니다. ㄱ의 특징적인 글씨라 ㄱ이라고 생각할 수밖에 없었어요. 저는 폭발해서 누가 이런 걸 썼냐고 아이들에게 화를 냈습니다. 당연히 범인은 나오지 않았습니다.

그간 쌓인 일로 학급을 끌어갈 의지마저 상실한 저는 교장 선생님에게 속상했던 이야기를 전하고 딱 하루 병가를 냈습니다. 스스로 담임 교체를 해달라고 하고 싶을 만큼 지쳤지만, 나머지 아이들을 생각하면 그럴 수 없다는 생각이 들어, 그 후에는 ㄱ의 행동을 최대한 무시하고 나머지 아이들을 보면서 수업을 이어갔지요. ㄱ은 죄송하다는 말도 자기 방식대로 문자 메시지를 통해서 했습니다. 어쨌든 그 아이의 방식이구나 생각하며, 앞으로 잘하라 말하고 넘어갔습니다.

그해 30명 아이 중 7명이 합창단이었는데, 그 애들 말고도 피아노를 전공할 정도의 실력을 갖춘 아이도 있었습니다. 2학기에 재미있는 합창곡을 골라두자 피아노를 잘 치는 아이가 반주 연습을 했고, 합창단 아이들이 중심이 되어 얼마 가지 않아 멋진 합창이 만들어졌습니다. 그렇게 합창곡을 학예회에 올리면서 힘들고 상처받았던 아이들 마음도 조금씩 음악으로 치료된 상태에서 6학년에 올려보낼 수 있었습니다. 6학년 반 편성을 할 때 ㄱ과 부딪칠 성격의 아이들을 다 빼고 ㄱ이 좋아하던 학생을 한 반에 넣었더니 6학년에 가서는 다행히 큰 문제를 일으켰다는 이야기가 없었지요.

과연 교사는 어떻게 행동하고 말해야 했을까?

앞의 제 이야기에서 몇 가지 잘못된 점을 찾았을 겁니다. 요즘이라면 신규교사도 하지 않을 실수를 제가 한 부분이 있지요. 체육 시간에 교육과정에 계획한 대로 수업을 했어야지, 왜 피구냐 축구냐 굳이 나눠서 수업했는지 말입니다. 아이들이 점수를 모아와서 '원하는 종목으로 체육 1시간을 해주겠다'라는 보상 차원에서 실시한 것이지만, 그랬다 해도 이번에 피구를 하고 다음에 축구를 한다는 식으로 한 종목을 정해서 한 장소에서 다 같이 수업했더라면 사건이 생기지 않았을 것입니다.

그다음으로는 두 아이 이야기를 들을 때 한쪽 편을 들어서는 안 되는 일이었습니다. 두 아이를 같이 이야기하게 할 것이 아니라 각각 적어보게 한 다음, 따로 이야기를 들어보고 나서 같이 이야기해야 했는데 제 상담 기술이 부족했지요. 그 외에도 평소 ㄱ을 인정해줄 부분을 찾아서 아이들 앞에서 인정 욕구를 채워주는 기회를 놓치지 않았다면 이 아이도 그렇게까지 하지는 않았을 텐데, 미처 아이 마음을 읽어주지 못했습니다. 어떤 아이라도 인정받고 칭찬받을 자격이 있다는 것을 그때는 제가 미숙해서 이해하지 못했지요.

ㄱ의 어머니가 "우리 아이도 아직 어린데요……"라고 말했을 때 그 말도 서운하게만 들리고 이해하지 못했는데, 제 아이들이 5학년

이상이 되니 그제야 알았습니다. 신체적으로는 어른보다 크게 성장했다지만, 고작 11년 조금 넘게 살아온 아이가 하는 말이나 생각은 어른에 비하면 주변을 돌아볼 만큼 성장하지 못했다는 것을요. 더 많이 살아온 제가 먼저 아이의 마음을 헤아리고 더 나은 표현 방법을 알려주면서 변화를 기다려야 했다는 것을요.

여기까지 읽었으면 "아이가 그렇게 행동하고 있는데 교사가 무슨 성인군자라고 아이만 배려하고 있어야 합니까? 아이도 교사에게 배려하고 예의를 갖추는 것을 배워야 합니다!"라고 말할 것 같군요. 그 말씀도 맞습니다. 하지만 상황을 악화시킬 수 있는 교사의 말과 행동을 미리 알아두고, 같은 상황이 일어났을 때 지혜롭게 피해갈 수 있도록 교사들은 늘 대비해두어야 한다는 것 또한 강조하고 싶습니다.

교육은 결국 사람의 본성에 대해 알고 교사, 학생, 학부모가 함께 성장해가는 과정입니다. 이런 사건이 일어나기 전에 우리 교사들이 사람에 대해 더 많이 이해할 수 있도록 공부하면서, 어떻게 말하고 행동하는 것이 행복한 교육, 효과적인 교육을 할 수 있는 최선의 방법인지 탐색하고 이를 바탕으로 실천하기를 바라며 제 실수의 경험을 나누는 마음입니다.

4부

교사의 시간에 날개를 달고,
교직 생활의 풍파를 막는 힘

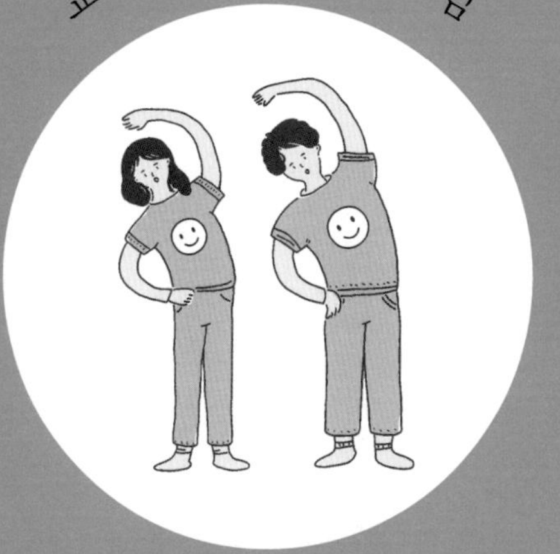

교직실무

1장

이것만은 알아둬야 할 교직 상식

처음 신규로 발령받았을 때가 생각납니다. 모르는 게 참 많았습니다. 대학 수업과 3, 4학년 때 교생 실습을 거치며 교직에 대해 나름 많이 배웠다고 생각했지만, 현직에 나와보니 알지 못한 것들로 힘들었습니다. 그렇다고 옆 반 선생님이나 관리자에게 물어보기는 사소하다고 생각되는 것들이라, '물어보면 나를 너무 바보로 생각하지 않을까?' 하는 생각에 혼자 끙끙 앓았던 기억이 납니다.

특히 학생지도나 수업은 대학 수업이나 여러 교재를 통해 어느 정도 극복할 수 있었지만, 교직실무라 할 수 있는 공문서 처리나 작성, 인사 관련 업무, 학교 업무는 도대체 무엇을 봐야 할지 몰랐지요.

제가 신규 때는 공문서가 지금처럼 개개인에게 파일이 배분되는 시스템이 아니라, 학교에 배분되면 그 자료를 지금의 교육실무사가 인쇄해서 주었습니다. 첫해 공문을 받아들고 어떻게 해야 하는지 몰라서 책상 한 귀퉁이에 처박아두었지요. 그런데 그해 말 공문을 다 정리한 후 묶어서 제출하라는 것입니다. 그때 부랴부랴 책상 속 서류를 뒤져서 간신히 제출했던 기억이 나네요. 제 업무가 한 해에 공문이 10개 이하로 오는 업무였기에 문제가 없었지만, 공문이 많이 왔다면 큰일이 생겼을 겁니다. 실제로 이때 많은 신규교사가 공문을 모르고 버리는 경우가 빈번했지요.

그러다가 경력 5년차에 만난 교감 선생님이 "모든 질문에는 법령이나 규정을 읽어보면 답이 있어요!" 하며 교육법전과 인사실무편람을 보여줬지요. 그 이후로 매년 다양한 매뉴얼을 읽다보니 자연스럽게 교직실무와 관련해 여러 내용을 쉽게 이해할 수 있었고, 업무 처리에도 시간을 단축하게 되었습니다.

이렇게 생활하다가 영재교육원 운영을 위해 교육지원청에 3년간 파견을 가게 되었습니다. 이때 교직실무는 자신 있다고 생각했는데, 학교회계라는 산을 만나서 어려움을 겪었지요. 교육지원청은 행정직 공무원과 같이 생활하다보니, 공무원이 아는 내용을 제가 잘 모르기 때문에 업무 처리에서 자꾸 도움을 요청하게 되고, 잘 처리되지 않는 경우가 많았어요. 회계를 아는 방법을 옆자리 주무관에게 물어보니 "학교회계규칙이라는 게 있어요. 그 내용을 보시면 돼요" 해서 파일을 요청해서 읽었습니다. 이때 읽은 학교회계규칙은 현재 학교에 나와서도 행정실과 소통할 때 큰 도움을 주고 있지요.

교직실무는 가끔 쓸모없어 보이지만, 사실은 알면 알수록 교사의 학교 생활에 많은 도움을 줍니다. 학교 업무 처리 시간을 줄여주고, 다른 선생님이나 다른 직군(교육공무직원, 행정직 공무원)과 소통할 때 그들을 이해하고 내 의견을 정확하게 표현할 수 있지요.

4부에서 소개되는 내용은 교직실무 중에서 신규교사가 알아두면 좋은 핵심만 간추려서 담았으니, 꼼꼼히 읽어보고 교직 생활에 여러모로 도움을 받기를 바랍니다.

공문서, 아는 만큼 보인다

▪ 사례

어느 초등학교에서 한 신규교사가 교육청에 발송하기 위해 상신한 공문이 관리자에 의해 반려되었습니다.

"김○○ 선생님, 공문을 이렇게 올리면 어떻게 해요?"

"공문이 왜요? 아주 정중하게 글을 써서 올렸는데요?"

"아니! 공문 제목이 장학사님께, 그리고 공문 내용도 이메일 쓰듯이 쓰면 어떻게 해요?"

"공문에 따로 양식이 있는 건가요?"

앞의 사건은 실제로 있었던 이야기를 살짝 각색한 것입니다.

교사는 학생을 가르치는 직업이니, 학생만 가르치면 얼마나 좋을까요? 하지만 동시에 교사는 교육공무원이기에 교육과 관련된 행정 업무도 함께 처리해야 하는 경우가 많지요. 경우에 따라 1년 동안 몇백 개 넘는 공문을 접수하고 생산하는 교사가 있는 반면, 1년 동안 공문을 1개도 접수하거나 생산하지 않는 교사도 있습니다.

그러다보니 고경력 교사도 공문 작성을 두려워하는 경우가 많지요. 그렇기에 신규교사에게 공문 작성은 더 어려운 문제이고, 누군가에게 묻기에도 애매한 영역입니다.

공문서 작성법은 과연 누가 정하는 것일까요?

공문서 작성법은 행정안전부에서 지침을 만들고 이를 정리해서 행정업무운영편람으로 안내하고 있습니다. 행정업무운영편람에서 안내하는 공문서 작성법은 시대가 변하면서 조금씩 바뀌어왔지요. 예전에는 행정용어나 한자어가 많이 사용되고 정확한 틀에 맞추는 것을 강조했다면, 요즘은 공문을 읽는 사람이 어려워하는 용어보다는 순화된 용어로 작성하도록 변경되고 있어요.

그렇다면 행정업무운영편람에 나온 공문서 작성법을 간단하게 알아볼까요?

다음의 서식은 학교에서 작성하는 K-에듀파인의 일반적 공문 양식을 이해하기 쉽게 만들어본 것입니다.

행정 기관 마크

00교육청

수신 00학교(00학교장)
(경유)
제목 00학년도 00 운영 계획 및 연수 신청 안내

1. 관련: 교육부 교육과정과-0000(0000. 0. 00.)
2.
 가. 일시: 2000. 0. 00.
 나. 장소:
 다. 참석대상:
  1)
   가)
붙임 1. 00운영계획 1부.
 2. 연수신청자 명단(양식) 1부. 끝.

00교육감

수신자 00초등학교

장학사 000 장학관 000 교육과정과장 000

협조자

시행 교육과정과- 000 (0000. 0. 00) 접수 00초등학교-0000 (0000. 0. 00)
우 00000 00도 00시 / http://
전화 000-000-0000 전송 000-000-0000

- 두문은 해당 공문이 발송되고 수신되는 곳을 안내하는 부분으로 행정기관명, 수신처, (경유)로 구성되어 있습니다.

- 본문은 공문 내용을 담는 부분으로 제목, 내용, 붙임으로 구성되어 있습니다.
내용이나 붙임을 작성하는 방법은 아래에서 더 자세하게 살펴보겠습니다.

- 결문은 해당 공문의 여러 정보를 담고 있는 곳으로 발신명의, 기안자, 검토자, 결재자의 직위와 서명이 있습니다. 그리고 해당 공문의 생산등록번호와 시행일자, 접수기관의 접수등록번호와 접수일, 전화번호, 홈페이지 등 정보를 담고 있습니다.

4-1. K-에듀파인 공문 기안 서식

*출처: 2020 행정업무운영편람(행정안전부) 재구성

공문을 작성할 때는 예전처럼 한글 양식에 직접 작성하는 것이 아니라, K-에듀파인에서 주어진 양식으로 작성하기에 두문과 결문이 자동으로 생성됩니다. 두문은 학교에서 정한 양식에 맞춰서 자동으로 만들어지고, 결문은 K-에듀파인의 개인정보관리에서 이메일, 전화번호를 수정해두면 자동으로 나타나지요. 이메일과 전화번호 외 개인정

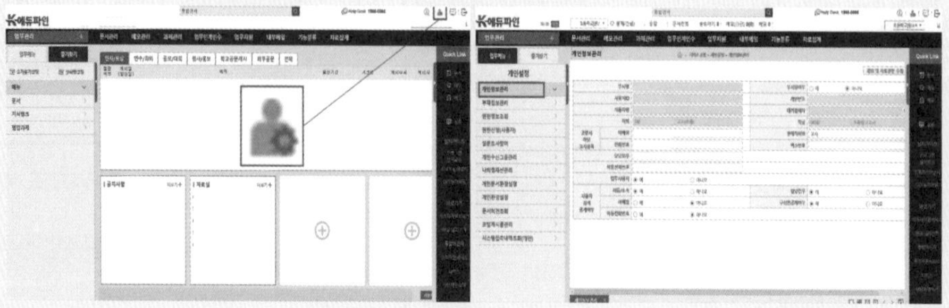

4-2. K-에듀파인 개인정보관리 화면

*출처: K-에듀파인 화면

보는 나이스(교육행정정보시스템)에 기록된 정보가 자동으로 보입니다.

개인정보관리 메뉴에서 보면, 교사는 직위·직급이 다 교사로 나오는 것을 볼 수 있어요. 직급과 직위 중 공문에는 직위가 표시됩니다. 그럼 직급과 직위는 어떤 차이가 있을까요?

단어 그대로 직급은 해당 급을 의미하는 것으로 교사, 장학사, 장학관 등을 나타내며, 직위는 해당 직책을 의미합니다. 예를 들면 교육청 교수학습과장의 직급은 장학관이지만, 직위는 교수학습과장이기에, 공문에는 장학관이 아니라 과장이나 교수학습과장으로 표기됩니다. 이런 직급과 직위는 자신이 수정하는 것이 아니라, 나이스 정보를 바탕으로 자동표기되는 것이라 학교의 부장교사도 공문에는 교사로 표기됩니다.

이제 서식의 본문을 살펴보면, 본문은 공문에서 핵심 내용이 있는 곳으로, 해당 공문의 제목과 관련 근거, 내용이 표시되는 곳이죠.

제목은 개요에서 입력 시 자동으로 본문의 제목 칸 위치에 맞게 보이게 되지만, 본문 내용은 형식에 맞게 기안자가 직접 작성해야 합니다.

본문 내용의 첫 줄은 보통 해당 공문의 작성 근거인 관련 문서 정보를 적습니다. 이때 띄어쓰기는 아래와 같이 번호 후 온점하고 한 타 띄고, 관련과 :(쌍점)은 붙여 쓴 후 한 타를 띄어쓰기합니다. 그리고 해당 문서의 번호와 날짜를 쓰는데, 공문에서 날짜는 년, 월, 일 뒤에 온점을 넣고, 년과 온점 뒤에 한 타, 월과 온점 뒤에 한 타를 띄어 적습니다.

1. v관련: v교육부 교육과정과-000(0000.v0.v00.)

관련 문서 아래에는 해당 공문에 관한 내용을 작성하는데, 이때는 자유롭게 내용을 작성하면 됩니다. 다음에 나오는 예시처럼 항목의 내용이 두 줄 이상인 경우는 둘째 줄부터는 첫째 줄의 첫 글자에 맞추어 정렬해서 작성하는 것을 원칙으로 하지만, 이렇게 하지 않고 맨 왼쪽 기준선에서 시작해도 상관없어요. 단, 하나의 문서 안에서는 첫째 줄 첫 글자에 정렬하거나 맨 왼쪽 기준선에서 시작할지에 대해 통일해야 합니다.

2. v○○○○학년도 ○○선도학교 운영계획을 다음과 같이 작성하여서 운영하고자 합니다. 이에 해당 선도학교 운영에 관심 있는 학교는 안내 연수에 참여할 수 있도록 신청하시기 바랍니다. (원칙)

2. v○○○○학년도 ○○선도학교 운영계획을 다음과 같이 작성하여서 운영하고자 합니다. 이에 해당 선도학교 운영에 관심 있는 학교는 안내 연수에 참여할 수 있도록 신청하시기 바랍니다. (허용)

1.
2.
3.
vv가.
vv나.
vv다.
vvvv1)
vvvv2)
vvvv3)
vvvvvv가)
vvvvvv나)
vvvvvv다)
vvvvvvvv(1)

해당 항목 아래에 세부 항목을 작성할 때는 첫째 항목은 1, 2, 3……, 둘째 항목은 가, 나, 다……, 셋째 항목은 1), 2), 3)……, 넷째 항목은 가), 나), 다)……, 다섯째 항목은 (1), (2), (3)……, 여섯째 항목은 (가), (나), (다)……로 옆의 예시처럼 작성하면 됩니다.

예로 알아보면, 오른쪽 같은 하위구조 순서로 작성하게 되며, 공문 아닌 다른 계획서나 보고서를 작성할 때도 이와 같은 구조를 동일하게 적용하는 경우가 많습니다.

이렇게 하위구조로 세부 항목을 적어나갈 때는 첫 항목은 왼쪽 기준선에 붙여서 적고, 그다음 아래 항목부터는 2타씩 띄어쓰기를 늘려가면서 적게 됩니다.

둘째 항목은 왼쪽 기준선에서 2타, 셋째 항목은 4타, 넷째 항목은 6타, 이런 식으로 띄어쓰기해 항목의 구분을 눈으로 알기 쉽게 표시합니다.

본문 내용을 작성한 후에는 해당 공문에 첨부되는 붙임문서에 관한 내용을 작성하게 되는데, 붙임이 없을 때는 그 상태 그대로 공문을 마무리합니다.

<table>
<tr><td>1.
2.
3.

붙임 vv1.v000선도학교 연수 계획v1부.
vv2.v000선도학교 연수 신청서 양식vv1부. vv끝.</td><td>〈붙임 문서가 있는 경우〉
- 본문 내용에서 한 줄을 띄우고 아랫줄에 붙임을 쓴 후 2타를 띄어쓰고, 붙임 문서가 많을 때는 번호를, 한 개일 때는 번호 없이 바로 문서 제목을 적어줍니다.
- 문서 제목을 적고 나서는 1타 띄어쓴 후 문서의 부수를 적은 뒤 온점을 찍고, 2타 띄어쓰기 후 끝을 쓰고 온점을 찍어줍니다.</td></tr>
<tr><td>1.
2.
3. 연수 신청에 대한 내용은 추후에 안내합니다. vv끝.</td><td>〈붙임 문서가 없이 본문 내용으로 끝날 때〉
문장의 마지막 글자 후 온점을 찍고, 2타를 띄어쓴 후 끝을 쓰고 온점을 찍어줍니다.</td></tr>
<tr><td><table><tr><th>구분</th><th>일시</th><th>장소</th><th>비고</th></tr><tr><td>1</td><td>2000. 0. 0.</td><td>00</td><td></td></tr><tr><td>2</td><td>2000. 0. 0.</td><td>00</td><td></td></tr></table>vv끝.</td><td>〈붙임 문서 없이 본문 내용이 표로 끝날 때〉
표 아래 줄에 표의 왼쪽을 기준선으로 2타 띄어쓰기 후 끝을 쓰고 온점을 찍어줍니다.</td></tr>
</table>

4-3. 공문 기안 시 본문 작성 방법

*출처: 2020 행정업무운영 편람(행정안전부)

이렇게 본문 내용 작성이 끝나면 나머지 결문은 결재선을 '교사 – 교감 – 교장'이나 '교사 – 교사 – 교감 – 교장' 등으로 선택하면 검토 및 결재자의 정보가 결문의 내용으로 자동 변경되게 됩니다.

보통 기안할 때 결재선은 학교마다 업무의 성격에 따라 결재선을 지정하는 위임전결규정을 따르면 됩니다. 전결규정을 잘 모를 경우는 동료 교직원에게 물어보는 것도 좋은 방법이에요.

공문서에 대해 질의사항이 생길 때

교육청이나 외부기관에서 온 공문을 보고 질의사항이 있을 때는 공문 결문에 있는 전화번호와 기안자 이름을 보고 질의하면 됩니다. 이때 공문의 형태를 잘 모르거나 직급과 직위의 차이를 잘 모르는 경우, 이를테면 가끔 신규교사가 교육청에 문의 전화를 할 때 기안자가 장학사, 결재자가 과장으로 되어 있는 것을 보고, "문의가 있는데, ○○○ 과장님 있으세요?" 하는 경우가 있어요. 이는 학교에 비유하자면 기안자는 담당 교사이고, 결재자는 교장인데 다른 학교에 전화해서 학교장을 찾아 질문하는 것 같은 경우로 비유할 수 있지요. 이런 실수를 하지 않기 위해서는 공문을 꼭 확인하고 기안자(장학사, 연구사 등)에게 해당 내용을 질의해야 합니다.

요즘은 공문 작성 시에 형식에 맞춰 아주 정확하게 작성하도록 강요하지는 않습니다. 다만 공문을 작성해 내부결재가 아닌 외부로 발송하는 경우, 이는 발송 기관에 대한 대외적인 권위나 신뢰도에도 해당하기에 형식에 맞는 공문 작성을 권장하고 있어요. 이를 위해 육하원칙에 맞고, 필요한 내용을 빠뜨리거나 잘못된 표현이 없도록 작성해야 하지요. 또한 의미 전달에 혼동을 주는 용어를 사용하지 않고, 정확한 용어 사용을 권장합니다. 공문을 보는 사람 입장에서 이해하기 쉽게, 문장은 가급적 짧게 끊어서 표현하도록 해야 해요.

공문 작성도 누군가에게 내 의견을 전달하는 하나의 표현 도구입니다. 형식을 무조건 따르는 것을 강요하지는 않지만, 형식에 맞춰서 공문을 작성한다면 보는 사람이 더 이해하기 쉽지 않을까요?

▪ 업무관리시스템? 에듀파인? 이게 다 뭐지?

가끔 선배 교사가 "업무관리시스템에서 공문작성하세요", "에듀파인으로 품의하세요"라고 하는 이야기를 들을 겁니다. 이것은 예전 시스템 이름으로, 처음 학교에서 공문을 접수하던 시스템이 전자문서관리시스템에서 업무관리시스템으로 명칭이 변경되었습니다. 이것이 교육행정정보시스템(NEIS)과 학교회계를 담당하는 에듀파인까지 통합적으로 접속 가능한 업무포털이라는 이름으로 한 곳에서 접속 가능하게 만들어지게 됐지요.

업무포털을 구성하는 세 가지 시스템인 업무관리시스템은 공문서, 나이스는 학생생활기록, 에듀파인은 학교회계를 처리하기 위해 사용되다가, 2020년 업무관리시스템과 에듀파인이 통합되어 K-에듀파인으로 변경되었습니다. 나이스는 예전과 동일하게 별도 시스템으로 운영되고 있습니다.
이처럼 용어나 시스템이 변경되면서 신규교사와 선배 교사가 다르게 사용해 혼란을 가져오는 것 중 대표적인 용어는 학생생활기록부의 행동특성 및 종합의견(행특)인 '행특'을 선배 교사는 '행발'로 부르는 경우인데, 이는 예전에는 행동발달 및 종합의견(행발)이었기 때문입니다.

인사를 알아야 내 권리를 찾는다! : 휴가와 휴직

학교에서 근무하다보면 경력교사도 휴가와 휴직에 대해 잘 알지 못하는 경우가 많습니다. 교사라는 직업이 학기 중에는 연가를 쓰기 힘들다보니 관심을 두지 않고, 일이 생기면 그때서야 휴가나 휴직을 알아보게 되기 때문이에요. 보통은 일이 생기면 교감 선생님이 해당 사안에 따라 휴가나 휴직 사항을 알려주는데, 간혹 이게 안 되는 경우가 있어요. 이런 경우 교사 자신은 자기 권리를 찾지 못하는 경우가 생기지요. 간단하게나마 휴가와 휴직의 종류를 알아두면 차후 요긴하게 쓸 수 있습니다.

휴가

■ **사례**

신규교사 ㄱ은 몸이 너무 좋지 않아서 출근하지 못할 것 같은데, 어떻게 해야 할지 안절부절못하고 있습니다.

"부장님! 저 감기몸살이 너무 심한데 어떻게 하지요?"

"병가 쓰고 오늘은 집에서 쉬세요!"

"병가요? 병가는 얼마까지 쓸 수 있나요? 그건 누구한테 결재받으면 되지요? 지금 제가 집에서 나이스가 되지 않는데 어떻게 결재를 받아야 하죠?"

교사도 사람이기에 학교에서 근무하면서 몸이 아프거나 집에 일이 생기거나 출근할 수 없는 상황이 생깁니다. 그런데 이런 경우 어떻게 해야 할까요? 그냥 학교에 전화만 하고 나오지 않으면 될까요?

교사도 공무원이기에 복무에 대한 규칙이 있습니다. 교육부나 행정자치부에 관련 규정이 있지만, 이것을 각 시도교육청에서 지역 특성에 맞게 세부적으로 나눠서 인사실무편람을 만들어서 안내하지요. 이 인사실무편람은 보통 각 시도교육청 홈페이지 자료실에 게시되어 있으니 참고하면 됩니다.

여기서 소개하는 내용은 제가 속한 지역인 '2021년 경기도 인사실무편람'을 바탕으로 설명해볼게요. 우선 인사실무편람 내용 중 신규교사가 알아두면 좋은 내용을 간단히 살펴볼까요?

먼저 교원의 휴가에 대해 알아보면, 휴가는 학교장이 일정한 사유가 있는 교원의 신청 등에 의해 일정 기간 출근의 의무를 면제해주는 것을 말하지요. 교원의 휴가는 연가, 병가, 공가, 특별휴가로 나눠볼 수 있어요.

구분	내용	비고
연가	정신적·신체적 휴식을 취함으로써 근무능률을 유지하고 개인 생활의 편의를 위한 경우	지각, 조퇴, 외출 포함
병가	질병 또는 부상으로 직무를 수행할 수 없는 경우 또는 감염병에 걸린 경우	병조퇴 포함
공가	교원이 일반 국민의 자격으로 국가기관의 업무수행에 협조하거나 법령상 의무의 이행이 필요한 경우	건강검진, 예비군훈련 등
특별휴가	사회 통념 및 관례상 특별한 사유(경조사)	결혼, 출산, 사망, 입양 등

4-4. 교원 휴가 분류

*출처: 2021 경기도 인사실무편람(경기도교육청)

이런 휴가 원칙은 '학교장이 휴가를 승인함에 있어 법정휴가일수를 사용할 수 있도록 하되, 연가는 수업 및 교육 활동을 고려하여 특별한 사유가 없는 한 수업일을 제외하여 실시하도록 한다'라는 조항에 의거합니다. 많은 학교의 관리자가 연가는 수업일이 아닌 방학 중

원칙을 내세우기 때문에, 학기 중 휴가를 내고자 하는 교원이 불미스러운 일을 겪는 경우가 많지요. 지침에서도 방학 중 사용을 원칙으로 하나, 연가 사유라고 판단될 만큼 구체적인 사유라면 허가할 수 있도록 안내하고 있어요.

휴가를 원하는 경우, 승인권자로부터의 사전 승인을 원칙으로 하지만 불가피한 사유로 인한 경우 늦어도 당일 정오까지 다른 공무원에게 대행하게 할 수 있습니다. 위의 사례 같은 경우, 즉 집에서 결재를 올리지 못할 때 다른 교사(부장교사나 교감)에게 결재를 대행할 수 있도록 해 병가처리하면 됩니다.

그렇다면 신규교사는 연가를 며칠이나 쓸 수 있을까요?

아래 표에서 보는 것처럼 현재 연가는 재직기간별로 다르며, 6년 이상 근무했을 때 최대 연가 일수인 21일이 부여됩니다(2022년 기준).

재직기간	연가일수	재직기간	연가일수
1개월 이상 1년	11일	4년 이상 5년 미만	17일
1년 이상 2년 미만	12일	5년 이상 6년 미만	20일
2년 이상 3년 미만	14일	6년 이상	21일
3년 이상 4년 미만	15일	–	–

4-5. 재직기간별 연가 일수

*출처: 국가공무원 복무규정(일부 개정 2021.12.31.)

이 연가일수에 한해서 지각, 조퇴, 외출, 연가를 사용할 수 있어요. 지각, 조퇴, 외출은 말 그대로 학교 근무 시간에 늦은 경우는 지각, 퇴근 시간 전에 먼저 퇴근하는 것을 조퇴, 근무 시간 중 개인 용무로 잠시 외부에 나갔다가 근무 시간 종료 전에 들어오는 것이 외출입니다. 연가도 하루가 아니라 하루 4시간을 사용할 경우, 반일연가로 표현되니 참고하세요. 지각, 조퇴, 외출, 반일연가는 연가를 하루 8시간으로 계산하고, 누적해서 연가일수를 감합니다. 예를 들어 1년 동안 지각 2시간+조퇴 6시간+외출 8시간+반일연가 4시간=20시간이면 연가 2일+4시간입니다. 이때 연가일수를 초과해 사용하는 경우에는 결근 처리하지요.

그렇다면 여기서 신규교사들이 많이 궁금해하는 것은 "발령을 받고 1개월 미만 경우에는 아프거나 일이 있어도 연가를 쓰지 못하는가요?"입니다. 보통 아주 특별한 경우가 아니라면 1개월 미만에는 연가 및 지각, 조퇴, 외출을 사용할 수 없어요. 하지만 사람 일이라는 것이 마음대로 되는 것이 아니지요. 이에 사유가 발생해 잔여 연가가 없을 때 다음 해에도 근무한다는 전제하에 다음 해의 연가일수를 미리 사용할 수 있어요.

하지만 다음 해의 연가를 미리 사용하는 것은 사전 승인이 필요한 사항으로, 사용이 필요할 시에는 관리자(교감, 교장)와 사전 조율이 필요해요. 또한 다음 해에 연가를 미리 사용했는데, 다음연도에 부득이

재직기간	미리 사용할 수 있는 최대 연가일수
6개월 미만	3일
6개월 이상 1년 미만	4일
1년 이상 2년 미만	6일
2년 이상 3년 미만	7일
3년 이상 4년 미만	8일
4년 이상	10일

4-6. 재직기간별 미리 사용 가능한 최대 연가일수

*출처: 교원휴가에 대한 예규(시행 2022.3.1. 교육부예규 제67호)

한 경우로 인해 근무하지 못할 경우 미리 사용한 연가는 결근처리되니 신중하게 생각하고 사용해야 해요.

병가는 질병이나 부상, 감염병 등 몸이 아플 경우 사용하는 것으로, 일반 병가는 연 60일 이내에서 승인이 가능합니다. 다만 공무상 다친 경우, 병가(공무상 병가)는 180일까지 사용 가능합니다. 병가 사용 시 진단서 제출 없이 병가를 사용할 수 있는 것은 연간 6일까지입니다. 7일 이상 연속되는 병가, 병조퇴 등의 연간 누계가 6일을 초과하면 의료기관에서 교부된 진단서가 필요하지요.

처음에 우리가 살펴본 신규교사 사례에서는 진단서 없이 병가를 사용하고 휴식을 취할 수 있습니다. 많은 신규교사의 궁금증 중 하나가 "병가를 사용하면 꼭 병원에 가야 하나요?"인데, 6일 이내 병가의 경우는 진단서가 필요 없으므로 병가나 병조퇴를 사용하고 자택에서 휴식을 취해도 됩니다. 다만 병가를 사용하고 다른 사유로 인해 불미스러운 일이 생길 경우, 일신상 불이익(징계)에 처해지니 꼭 병가의 사유에만 사용하기를 권장합니다.

공가는 교사 생활을 하면서 많이 사용하지 않는 휴가 종류에요. 보통 학교 선생님이 공가를 사용하는 경우는 건강검진, 예비군훈련입니다. 이것도 학교장 승인이 필요한 사항이라 교사가 사용하는 경우는 거의 없어요. 다만 최근 몇 년처럼 국가 차원에서 백신 접종 등 특별한 지시로 인한 경우는 공가 사유로 인정되어 사용하기도 하지요.

특별휴가는 다음과 같이 다양한 내용으로 분류해요.

<table>
<tr><th>구분</th><th>내용</th><th>일수 및 비고</th></tr>
<tr><td>경조사
휴가</td><td>경조사 시 사용하는 휴가로 그 사유가 발생한 날을 포함하여 전후에 연속하여 실시하는 것을 원칙으로 함</td><td>
<table>
<tr><th>구분</th><th>대상</th><th>일수</th></tr>
<tr><td rowspan="2">결혼</td><td>본인</td><td>5</td></tr>
<tr><td>자녀</td><td>1</td></tr>
<tr><td>출산</td><td>배우자</td><td>10</td></tr>
<tr><td rowspan="4">사망</td><td>배우자, 본인 및 배우자의 부모</td><td>5</td></tr>
<tr><td>본인 및 배우자의 조부모·외조부모</td><td>3</td></tr>
<tr><td>자녀와 그 자녀의 배우자</td><td>3</td></tr>
<tr><td>본인 및 배우자의 형제자매</td><td>1</td></tr>
<tr><td>입양</td><td>본인</td><td>20</td></tr>
</table>
- 토요일·공휴일로 인하여 분리되는 경우를 제외하고는 분리할 수 없음. 본인 결혼은 사유 발생 후 30일 이내 사용(휴가 마지막 날이 30일 범위 내)
- 배우자 출산의 경우 배우자 출산 후 90일 이내 1회에 한해(휴가 마지막 날이 90일 범위 내) 분할 사용
- 사망으로 인한 경조사휴가의 경우 그 사유가 발생한 날 또는 그다음 날에 휴가 사용
</td></tr>
</table>

<table>
<tr><th>구분</th><th>내용</th><th>일수 및 비고</th></tr>
<tr><td>출산휴가
유산·사산
휴가</td><td>임신하거나 출산, 혹은 유산·사산한 교원에 한해 사용</td><td>– 총 90일, 출산 후 휴가 기간이 45일 이상이 되어야 함. 단, 한 번에 둘 이상의 자녀를 임신한 경우 120일, 출산 후 60일이 되어야 함.
– 임신 중 유산 또는 사산의 경우 유산·사산휴가 부여
<table>
<tr><th>임신기간</th><th>유산·사산일로부터
휴가일수</th></tr>
<tr><td>15주 이내</td><td>10</td></tr>
<tr><td>16주 이상 21주 이내</td><td>30</td></tr>
<tr><td>22주 이상 27주 이내</td><td>60</td></tr>
<tr><td>28주 이상</td><td>90</td></tr>
</table></td></tr>
<tr><td>난임치료시술
휴가</td><td>인공수정 및 체외수정 등 난임치료 시 사용</td><td>– 시술 당일 1일 휴가
– 체외수정 시술의 경우 여성 공무원은 난자 채취 1일 휴가를 추가 부여</td></tr>
<tr><td>여성보건
휴가</td><td>생리 기간 중 휴식을 위해 사용</td><td>– 매월 1일 여성보건휴가(무급) 사용 가능</td></tr>
<tr><td>모성보호
시간</td><td>임신 중인 여성공무원</td><td>– 1일 2시간 범위에서 휴식이나 병원 진료 등으로 사용 가능</td></tr>
<tr><td>임신검진
휴가</td><td>임신 여성이 임신검진 시 사용</td><td>– 10일 이내 휴가</td></tr>
<tr><td>육아시간</td><td>만 5세 이하 자녀를 가진 공무원 사용 가능</td><td>– 24개월 범위에서 1일 2시간 이내 사용 가능
(단, 하루 근무시간이 4시간 이상인 날만 사용 가능)</td></tr>
<tr><td>수업휴가</td><td>한국방송통신대학교 재학 중인 공무원이 사용</td><td>– 연가일수를 초과하는 수업일수에 한해 승인</td></tr>
<tr><td>재해구호
휴가</td><td>재난 피해를 입은 공무원이나 자원봉사 공무원</td><td>– 5일 이내의 휴가. 단, 대규모 피해 시 10일 승인</td></tr>
<tr><td>가족돌봄
휴가</td><td>자녀의 돌봄이나 노령의 조부모, 외조부모, 부모의 돌봄이 필요한 경우</td><td>– 2일의 유급, 8일의 무급휴가</td></tr>
</table>

4-7. 교원의 특별휴가 종류

*출처: 2021 경기도 인사실무편람(경기도교육청)

휴직

교원이나 공무원은 이처럼 다양한 형태의 휴가를 사용할 수 있어요. 그런데 휴가를 사용해도 몸이 안 좋거나 집안 사정, 아니면 학업으로 인해 근무할 수 없게 되면 어떻게 해야 할까요?

이럴 때는 휴가가 아닌 휴직을 할 수 있습니다. 휴직은 직권휴직과 청원휴직으로 나뉩니다. 직권휴직은 인사권자(교육감)의 권한으로 휴직 조치를 내리는 것이고, 청원휴직은 공무원 본인의 요청에 의해서 휴직하게 되는 경우예요.

구분	휴직 종류
직권휴직	질병휴직, 병역휴직, 생사불명휴직, 법정의무수행휴직, 노조전임자휴직
청원휴직	유학휴직, 고용휴직, 육아휴직, 연수휴직, 가사휴직, 동반휴직, 자율연수휴직

4-8. 교원의 휴직 구분 및 종류

*출처: 2021 경기도 인사실무편람(경기도교육청)

이런 휴직은 각각 사유에 따라 나눠지는데 그 성격에 따라 교육경력이나 호봉의 인정 여부가 달라지며, 봉급의 지급 여부도 달라집니다. 휴직 시 필요한 휴직의 종류를 확인하고 자세히 알아보는 것을 추천합니다. 여기서는 휴직의 내용을 간단히 살펴보도록 하지요.

직권휴직	내용	휴직가능기간
질병휴직	신체상·정신상 장애로 인해 요양이 필요한 경우	1년 이내 (부득이한 경우 1년 연장)
병역휴직	병역 복무 시	복무기간
생사불명 휴직	생사나 소재가 불명한 경우	3개월 이내
법정의무 수행휴직	법률에 따른 의무 수행 시	복무기간
노조전임자 휴직	교원노동조합 전임자로 종사 시	전임자로 종사 기간

청원휴직	내용	휴직가능기간
유학휴직	학위취득 목적으로 해외 유학 시	3년 이내
고용휴직	재외기관에서 전임자로 고용계약 시	고용기간
육아휴직	만 8세 이하 또는 초등학교 2학년 이하의 자녀양육을 위한 경우	자녀 1명당 3년 이내 분할 가능
연수휴직	교육부장관 또는 교육감이 지정하는 교육기관 등에서 연수 시(일반대학원)	3년 이내
가사휴직	사고나 질병 등으로 가족 간호가 필요한 경우	1년 이내 (재직기간 중 총 3년)
동반휴직	배우자가 국외근무 하는 경우	3년 이내(3년의 범위에서 연장 가능)
자율연수 휴직	재직기간이 10년이 넘는 교원이 희망 시	1년 이내

4-9. 교원 휴직의 세부 내용 요약

*출처: 2021 경기도 인사실무편람(경기도교육청)

여러 휴직 중에서 연수휴직과 자율연수휴직은 이름은 비슷하지만 차이가 있기에 자세히 살펴볼게요. 연수휴직은 대학원 및 기타 교육기관 연수를 위해 3년 이내 휴직을 내는 것이고, 자율연수휴직은 재직기간이 10년 이상인 교사가 재직기간 중 1회에 한해 1년 이내에서 사용할 수 있습니다(2022년 4월 기준, 현재 10년 이상 재직 시 10년 주기로 1년

확대해 실시키로 노조와 잠정합의된 상태임). 두 휴직 모두 무급휴직이라는 공통점은 있지만, 연수휴직은 경력평정 시 50%를 산입하고 자율연수휴직은 미산입합니다. 그리고 호봉승급 시 연수휴직은 학위 취득 시 재획정하지만, 자율연수휴직은 호봉승급 기간에서 제외됩니다.

▪ 연가나 조퇴 등을 잘 허락해주지 않으면 어떻게 해야 할까요?

연가, 조퇴, 외출 등은 개인의 권리지만, 교사라는 직업은 학생을 가르치는 일이기에 특별한 사유가 없는 한 수업일이나 수업 시간 이외에 사용할 것으로 명시하고 있습니다. 이러한 조항들을 이유로 허용을 잘 안 해주는 관리자가 꽤 있습니다. 이럴 때 관리자에게 자신의 목소리를 내기가 힘들어 고민하는 신규교사가 많지요. 만약 어려운 점이 있다면 주변의 선배교사나 학년부장에게 도움을 청해보세요. 그래도 어려움이 있다면 교원의 권리를 위해 여러 교원단체와 교원노조가 있습니다.

다만 우리가 접하는 모든 문제는 대화로 해결하는 것이 제일 좋습니다. 이에 연가, 조퇴 등 개인 복무와 관련한 문제도 가장 좋은 방법은 관리자와 대화나 협의를 통해 해결하는 것이 최선의 방법입니다.

인사를 알아야 내 권리를 찾는다! : 겸직, 외부강의 및 징계

겸직, 외부강의는 사실 대다수 기존 경력교사들은 교직 생활 동안 경험하지 않는 내용이에요. 그렇다보니 이 내용을 잘 알지 못하고 실수하는 경우가 생깁니다. 겸직이나 외부강의에 해당하는 내용인데도 잘 알지 못해 제대로 된 허가나 신고를 하지 않을 경우, 불이익인 징계를 받을 수 있습니다. 징계라는 게 남의 일처럼 생각되지만, 의외로 중징계, 경징계 또는 불문경고(주의나 경고)를 받는 경우가 많아요. 이 단락에서는 미리 알아보고 대비하자는 차원에서 겸직, 외부강의 신고와 징계에 대해 살펴보고자 합니다.

겸직과 외부강의

▪ **사례**

김OO 교사는 아침 시간에 운동을 꾸준히 하다가 운동하는 김에 우유 배달을 같이 해야겠다고 생각했습니다. 2달 정도 우유 배달을 했는데, 교육청 징계위원회에 회부되어 징계를 받게 되었습니다.

"왜 제가 징계받게 된 건가요?"

"선생님은 겸직 위반으로 인해 처벌을 받게 되었습니다."

"무슨 겸직 위반인가요? 저는 운동하는 김에 얼마 안 되는 돈을 받고 우유 배달을 한 것인데요."

"교사는 공무원이라 겸직을 할 수가 없습니다."

"제 주변 선생님들은 외부강의도 다니고, 다른 기관에서 겸직을 하는데 그분들도 징계받아야 하는 것 아닌가요?"

"그분들은 규정에 맞게 외부강의 신고나 겸직신고를 하고 다니시는 겁니다."

"외부강의 신고, 겸임이나 겸직신고, 그런 걸 해야 하는 거예요?"

이 사례는 실제로 징계받은 한 교사의 사례를 각색한 것입니다. 이 교사의 경우는 실제로 겸직신고 시에도 허용되는 경우는 아닙니다. 교사는 공무원이기 때문에 원칙적으로 영리 목적의 겸직은 허용되지 않습니다. 다만 직무 수행에 지장이 없다고 인정되는 경우, 승인자의 승인에 의해 겸직을 할 수 있습니다. 그럼 그런 경우가 어떤 경우인지 알아볼까요?

겸직은 공무원이 자신의 업무 이외의 업무를 수행하는 것으로, 재산상 이득을 취하는 영리 업무나 영리를 취하지 않는 비영리 업무 경우에도 계속성이 있는 업무라면 소속기관에 사전 신고를 통해 허가를 받아야 합니다.

요즘 많은 선생님이 겸직하는 내용으로는 유튜브 크리에이터 활동을 들 수 있어요. 유튜브 활동도 구독자 수, 유튜브 제작에 투자하는 시간, 수익 등에 따라 겸직허가를 받아야 하는 경우와 그렇지 않은 경우로 나뉩니다. 또 책을 출판할 때도 일회적 저술이나 번역이 아닌 지속적인 경우에는 겸직허가를 받아야 합니다.

이처럼 같은 사유라도 겸직신고를 해야 하는지 말아야 하는지는 개인이나 상황에 따라 다르기에, 해당 사유가 생긴다면 관리자와 상의하고 겸직 신청을 하는 것을 권장합니다.

겸직 이외의 외부강의 신고 시에는 학교장의 사전 결재를 원칙으로 하지만, 부득이한 경우 외부강의를 마친 후 10일 이내 결재를 득해야 합니다. 결재 시는 전자문서시스템(K-에듀파인)을 이용해 결재해야 해요. 예전에는 나이스를 이용해 결재를 득했지만, 현재는 공문 기안에 의한 내부결재로 변경되었으므로, 나이스의 외부강의신고서 메뉴를 사용하는 실수를 하지 않도록 합니다. 외부강의 시 강의료는 사회 통념상 과도하지 않은 금액이어야 하며, 교사의 경우 시간당 100만 원이 상한액으로 정해져 있습니다. 자세한 내용은 각 지역 인사실무편람과 국가공무원 복무규정을 참고하기를 바라며, 수시로 변경되는 내용이 있으므로 관리자와 상의하는 게 가장 좋겠지요.

징계

겸직과 외부강의 신고는 연가, 조퇴, 외출처럼 복무 사항으로, 이를 지키지 않을 경우 징계 사유에 해당합니다. 그럼 교사가 받을 수 있는 징계는 어떤 것이 있는지 알아볼까요?

징계는 교직 생활 동안 받지 않아야겠지만, 어떤 징계가 있는지 알면 혹시나 생길 일에 도움이 될 거라고 생각해 설명하겠습니다. 징계는 일단 중징계와 경징계로 나뉩니다.

구분	종류
중징계	파면, 해임, 강등, 정직(1~3개월)
경징계	감봉(1~3개월), 견책

4-10. 교사의 징계 종류

*출처: 2021 경기도 인사실무편람(경기도교육청)

중징계에 해당하는 파면과 해임 모두 공무원 직위에서 퇴직하는 것은 동일하나, 파면보다 해임은 가벼운 처벌로 연금의 수령 비율에 차이가 존재해요. 강등은 해당 직무 내에서 하위 직위로 임명되는 것이고요. 만약 교장에서 강등처분을 받으면 교감으로 임명되는 거지요. 정직은 해당 업무를 1~3개월 동안 종사하지 못하게 하는 겁니다.

경징계에 해당하는 감봉은 징계 기간(1~3개월) 동안 보수의 1/3을 감하는 것이며, 견책은 훈계하고 회개하는 것으로 처분 종료 시 6개월간 승진이나 승급이 제한됩니다.

이 외에도 경징계 정도의 비위에 해당하지는 않지만 잘못한 일이 있는 경우, 경고나 주의 처분을 기관이나 개인에 부여하기도 해요. 이런 경우는 포상이나 각종 혜택에서 제외하는 규정을 지역별로 두고 있어요.

중징계와 경징계는 해당 사안 발생 시 마음대로 정하는 것이 아니라, 각 조항에 대한 징계양정규칙에 의해 징계하게 됩니다.

만약 ㄱ교사가 최초음주운전을 해서 혈중알코올농도가 0.06% 나왔다면, 음주운전에 대한 과태료나 사법 처벌 이외에도 정직 2개월의 처분을 받게 되지요. 그런데 같은 일이 2회 이상이라면 해임의 처벌을 받습니다.

		범죄처리 기준	징계양정 기준	
최초음주운전(혈중알코올농도)		중징계	0.03% 이상~0.05% 미만	정직 1월
			0.05% 이상~0.065% 미만	정직 2월
			0.065% 이상~0.08% 미만	정직 3월
			0.08% 이상	강등
음주운전	2회 이상	중징계	0.03% 이상~0.08% 미만	해임
			0.08% 이상	파면

4-11. 경기도교육감 소속 교육공무원 징계양정(음주운전) **기준**

*출처: 경기도교육감 소속 교육공무원 징계양정(음주운전) 세부기준(시행 2021. 3. 1. 일부 발췌)

이외에도 금품수수, 성적조작, 성비위, 초과근무 부당수령, 겸직이나 외부강의 미신고 등 각 항목에 따른 징계 기준이 있어서 이에 해당하는 사안의 경중을 따져서 징계 처분을 내리게 되지요.

이런 징계 처분이 내려졌을 때, 본인이 생각하기에 부당하다고 생각하면 어떻게 하면 될까요?

이런 교원을 위해 소청이라는 제도가 있어요. 교원은 징계 처분을 받은 것을 안 날부터 30일 이내에 징계심사위원회에 소청심사를 청구할 수 있습니다. 소청심사청구를 접수한 날로부터 60일 이내 소송심사결정을 하게 되어 있지만, 불가피한 경우 30일 연장하여 결정을 내릴 수 있어요.

이런 절차를 거쳐 나온 결정서를 받은 교원은 이에 대해서 불복할 경우는 징계위원회가 아닌 법원에 해당 사안을 판단해주기를 요청하는 행정소송을 할 수 있는데, 반드시 결정서를 받은 날로부터 90일 이내에 제기해야 합니다.

▪ '외출? 잠깐인데 뭐. 모르겠지' 하면 안 됩니다!

학교의 근무지는 학교 내로 한정되어 있습니다. 이에 아동과 학교 밖 활동을 나가는 경우는 내부결재를 통해 학교장 승인을 받아야 합니다.

그런데 많은 선생님이 근처 슈퍼나 은행에 잠깐 다녀올 때 그냥 나가는 경우가 있습니다. 이는 근무지 이탈로 경징계에서 중징계까지 받을 수 있는 사안입니다.

특히 재택근무 시 해당 근무지(자택)를 벗어날 경우, 외출이나 조퇴를 승인받고 이동해야 합니다. 출장의 경우도 출장 시간에는 해당 출장지가 근무지가 되므로 이곳을 벗어나는 경우를 주의해야 하겠지요.

인사를 알아야 내 권리를 찾는다! : 기타 인사 사항 (국외자율연수, 41조 연수, 출장, 초과근무, 대학원 과정)

신규교사가 교직 생활을 하면서 매년 여름방학과 겨울방학에 작성하는 방학계획서를 포함해 평소에 접하게 되는 인사 관련 내용을 간단히 알아보겠습니다. 국외자율연수, 41조 연수, 출장, 초과근무, 대학원 과정은 누구나 교직 생활에서 경험하게 되지만, 실제로는 잘 알지 못해 실수할 경우 징계처리될 수 있는 내용입니다. 저 역시 대학원 박사과정까지 다니면서 대학원에 대한 출결처리를 관리자가 헷갈려 해서 직접 교육청에 문의하고 직접 관련 법령을 찾아보았던 적이 있습니다.

신규교사가 차후 겪을 수 있는 상황에 조금이라도 어려움이 없도록 간단하게 살펴봅니다.

국외자율연수: 교육공무원법 제41조를 활용한 공무 외 국외여행

▪ **사례**

방학을 맞아 해외여행을 가고 싶었던 김OO 신규교사는 연가일수가 3일 밖에 남지 않아, 해외에서 미술 작품을 관람하려던 계획을 포기합니다.

"부장님, 저 유럽 박물관에 가고 싶은데, 연가가 3일밖에 안 남았어요."
"그럼 국외자율연수로 갔다 와요."
"국외자율연수요?"
"응, 국외자율연수로 가면 되지요?"
"연가가 없는데도 갈 수 있는 방법이 있군요."

위 사례는 실제라기보다는 가상 상황입니다. 공무원은 공무 외 국외여행을 할 때는 연가를 사용해야 합니다. 이때도 단순한 친지 방문, 견문 목적의 경우에는 학교 교육에 지장이 없는 범위에서 허가되지요. 단, 교원에게는 연가 사용 이외에 전문성 향상을 위한 교수학습 수집 목적의 경우에 국외자율연수를 허용하고 있답니다. 국외자율연수의 정확한 명칭은 '교육공무원법 제41조를 활용한 공무 외 국외여행'이에요. 즉, 단순한 해외여행을 목적으로 하는 국외여행이 아닌, 각종 교직단체의 국외 현장연수나 현지 어학연수 과정, 국외 현지에서의 교수학습 자료 수집에 대해서 승인됩니다.

국외자율연수를 실시하기 위해서는 자율연수계획서를 작성해서 사전에 학교장 승인을 받아야 하지요. 연수계획서에는 제출자, 연수 희망국, 연수기간, 연수 목적, 활동계획, 기대되는 성과, 연수 중 연락처 등을 포함해야 하고요. 이때 단순한 가족여행이나 친지 방문

등은 연가를 사용해야 합니다. 예를 들어 친지 방문 5일, 교수학습 자료 수집이 10일이라면 5일은 연가 처리하고, 10일은 국외자율연수 신청을 하면 됩니다.

간혹 학교에서 교사는 연가를 쓸 일이 별로 없으니 국외자율연수 이전에 무조건 연가를 우선적으로 사용하라고 권장하는 경우가 있는데, 이는 잘못된 것으로 교수학습 자료 수집 등 국외자율연수 인정 범위에 해당한다면 연가만을 우선적으로 사용하도록 하는 것은 지양되어야 해요. 단, 해외여행이 교수학습 자료 수집 목적이 아닌 단순한 여행의 경우라면 연가를 사용해야 하고요.

41조 연수: 교육공무원법 제41조에 따른 근무지 외 연수

교육공무원법 제41조라는 명칭이 있는데, 41조 연수는 뭘까요?

41조 연수의 정확한 명칭은 '교육공무원법 제41조에 따른 근무지 외 연수'예요. 이것은 교원이 방학 등에 교과지도나 교재 연구 등 연구나 연수를 받도록 하기 위해 만들어진 것으로, 조기퇴근, 단축금지 등으로 사용하면 안 됩니다. 수업일에는 사용이 불가능하며, 휴업일에만 사용할 수 있어요. 이때도 연수의 승인권자인 학교장의 승인을 받아서 시행할 수 있지요. 예전에는 41조 연수 후에는 연수 결과물을 제출했지만, 근래 들어 제출하지 않는 경우가 많은데 41조 연수의 목적에 맞는 복무를 시행해야겠습니다. 만약 교수학습 자료 수집이나 연수의 목적이 아닌, 단순한 가족여행을 근무지에서 멀리 간다면 연가를 사용하는 것이 차후 문제가 생기더라도 안전하겠지요.

41조 연수는 보통 학교 재량 휴업일이나 방학 중에 사용하게 되는데, 이때 학교에 출근하고 나서 조퇴를 위해 사용하지는 못합니다. 다만 방학 중 출장이 오전에 끝나는 경우처럼, 근무가 아닌 경우 오후에 나눠서 사용할 수 있어요.

출장과 초과근무

먼저 출장은 근무지 이외 장소에서 공무를 수행하는 것을 의미합니다. 동일한 시나 군 등은 근무지 내 출장, 타 시군의 경우는 근무지 외 출장이라고 불러요. 이때 출장비는 규정에 의해 지급되지만, 학교 내 예산을 고려해 학교장이 정할 수 있지요. 시도마다, 학교마다 출장비는 조금 차이가 나타납니다.

초과근무는 근무시간 이외에 업무를 계속 수행하는 경우에 사전 승인을 받아서 수행하게 됩니다. 이때 만약 초과근무가 오후 4시 40분부터 시작이라면 초과근무 인정은 5시 40분부터 최대 4시간이 인정되며, 토요일이나 일요일 또한 최대 4시간만 인정되지요. 또한 초과근무 시간이 2시간 이상이 됐을 때 저녁식사 비용으로 '특근매식비' 8,000원을 지원받을 수 있는데, 행정실에 과제카드 공유 요청을 한 후에 품의한 다음 학교 카드로 결제하시면 됩니다. 특근매식비는 초과근무 공제 내용과는 관계없이 2시간 이상 근무하면 지급 가능합니다. 다만 이는 학교에 특근매식비에 대한 예산이 책정되어 있을 때 가능한 것으로, 편성되어 있지 않다면 차후년도 예산 편성 시 요청해서 편성해 차후 초과근무 시에 특근매식비를 사용할 수 있게 해야겠지요.

초과근무는 나이스에서 관리자에게 결재를 올리고 승인받은 후, 확인하는 용도로 보통 행정실에 비치된 수기 장부가 많이 활용됩니다. 당월 1일~말일까지 시간을 합산해 분 단위를 절사한 시간 단위만 인정해 수당을 지급합니다. 초과근무 수당은 호봉에 따라 조금 차이를 보이는데, 현재 교사의 경우 19호봉 이하는 11,000원 정도를 받지요.

많은 신규교사가 또한 궁금해하는 부분이 월급명세서에 나오는 '시간외 근무수당 정액분'일 겁니다. 시간외 근무수당 정액분은 공무원이 업무를 수행함에 있어 정시출근, 정시퇴근을 하지 않는 일이 많기에 이에 해당하는 시간을 10시간 정도로 계산해서 근무일수가 1달 중 15일 이상인 경우에 일괄 지급하게 됩니다. 초과근무를 올려도 하루에 1시간을 제외하는 이유는 시간외 근무수당 정액분을 지급하기 때문입니다. 출근 근무일수 15일은 1일 8시간 근무일로 보기에, 연가, 조퇴 등 하루 근무 시간이 8시간이 되지 않는 날은 제외하게 됩니다. 이런 식으로 제외된 날로 인해 출근 근무일수가 15일보다 작을 경우는 1일에 1/15씩 감액하여 지급하는 거지요.

초과근무는 원칙적으로 출장과는 동일한 날에 쓸 수가 없어요. 다만 수학여행같이 교육과정 운영상 불가피한 경우는 출장 후 초과근무를 승인하고, 출장비와 시간외 근무수당을 병행 지급할 수 있지요.

대학원 과정

많은 신규교사가 궁금해하는 것 중 하나가 대학원 과정입니다. 대학원은 교육대학원, 일반대학원 등 다양하고, 교육대학원은 계절제(방학 때 운영)와 야간제가 있어요. 일반대학원은 보통 주간대학원이지만 야간대학원도 있지요. 대학원은 석사 졸업의 경우에 지역별로 승진 시 가산점을 부여하거나 기타 증명으로 사용됩니다. 그렇다면 대학원에 다닐 때 복무는 어떻게 해야 할까요?

주간대학원의 경우 연가 사용이 원칙이니 자신의 연가일수를 잘 계산하고 사용해서 대학원 수업을 들어야 합니다. 본인의 연가일수를 초과하는 주간대학원 수강은 직장이탈금지에 해당하기에 주의가 필요합니다. 이는 주간대학원의 경우라면 교육 활동에 지장을 줄 수 있기에, 교육 활동에 지장을 주지 않는 법령이 정하는 바에 따라 외출, 조퇴, 연가 등을 활용해야 합니다. 주간대학원과 달리 야간대학원 또는 계절제 대학원은 출장(연수)신청이 가능합니다. 연수 장소까지 거리를 생각해서 연수허가를 득해서 수학하면 됩니다. 출장(연수) 시 출장비는 지급되지 않아요.

이것 말고도 한국교원대학교나 서울대학교 등에서는 석사학위과정에 대해 특별전형으로 파견 형태로 공부할 수 있는 제도를 운영합니다. 이 경우 매년 10월경 각 대학원에 입시전형을 보고 지원한 후, 시도별로 승인받아 2년간 대학원에서 수학하게 됩니다. 파견 형태로 대학원에 가는 경우, 월급은 그대로 지급되기에 안정적으로 공부에 집중하고 싶은 교사에게는 좋은 선택지가 될 수 있습니다.

2장

학교의 업무와 용어 이해하는 법

학교에선 학생을 가르치는 것만큼 학교 업무 처리도 중요합니다. 그리고 자신이 맡은 업무는 한 해 동안 심신에 영향을 주기에 심사숙고해서 선택해야 하지요.

제 신규교사 시절에는 현재의 교직처럼 학교 업무를 공평하게 나누어서 하기보다는 경력이 적은 교사가 업무를 가져가는 경우가 많았지요. 2년차 때 저는 63학급 규모 학교에서 6학년 담임을 하면서 학교 방송반 운영, 청소년단체 대장, 영재학급 등 다양한 업무를 맡았고, 그 후로 몇 년간 고학년 담임에 5~6개씩 업무를 했어요. 이때 다양한 업무를 경험하다보니 현재 6학급에서 다양한 업무를 맡아서 처리하지만, 손쉽게 처리하는 경우가 확 늘었습니다. 현재 자신의 업무가 많으면 힘들다고 괴로워하기보다는 차후 다른 학교에서나 경력이 쌓였을 때 업무 처리 능력이 높아진다고 긍정적으로 받아들이면 조금은 위안이 되지 않을까 생각해요.

또 학교 업무에는 개개인 차이가 크게 존재합니다. 예를 들면 제 경우는 교직 생활 동안 여러 부장 업무를 맡았어요. 어떤 교사들은 과학이나 컴퓨터, 나이스 업무를 어려워했지만, 오히려 제게는 이런 업무가 다른 업무에 비해 편하게 느껴졌지요. 그러니 여러 업무를 해보면서 자신에게 맞는 업무를 찾고, 차후에도 그런 업무를 우선적으로 하려고 노력한다면 교직 생활 동안 조금이라도 여유가 생길 거라고 생각합니다.

학교 업무분장표 살펴보기

신규교사로 부임해서 가장 힘들었던 것은 학생 가르치는 일보다 오히려 행정 업무였습니다. 교사가 되면 수업과 학생지도만 할 줄 알았는데, 알지도 못하는 업무를 계획하고 추진해야 했지요. 또 거듭 말하지만 제가 신규교사로 발령받을 때만 해도 젊은 교사가 일을 하나라도 더 맡는 분위기였기에 부담이 있었습니다.

하지만 지금은 학교마다 나름대로 기준을 세워서 교사의 업무를 공정하게 분배하는 분위기입니다. 다만 학교의 학급 수나 교원 수에 따라 업무가 부여되는 양이 조금씩 다르지요. 아무래도 학급 수가 적으면 한 교원이 맡는 업무 수가 많아집니다. 큰 학교의 경우는 한 부서 내 1~2가지 업무를 맡게 되지만, 6학급 같은 작은 학교는 부서 전체 업무를 맡게 된다고 생각하면 됩니다. 하지만 업무를 추진하는 데 있어서 큰 학교는 사소한 업무라도 일을 추진하는 과정에서 학급 수나 학생 수 규모로 인해 업무가 과중해지는 반면, 작은 학교는 간단히 해결되는 경우가 있습니다. 그런데 작은 학교가 업무량이 많다고는 할 수 없어도, 새로운 업무를 맡아서 새롭게 배워야 하는 신규교사의 경우에는 많은 부담을 느낄 수 있겠지요.

업무라는 것은 사람마다 그 체감온도가 천차만별입니다. 예를 들어 컴퓨터를 잘 다루고 잘 아는 교사의 경우에 정보 업무를 맡으면 손쉽게 처리할 수 있지만, 잘 알지 못하는 교사의 경우는 꽤 힘들어 하니까요. 또한 같은 업무라도 지역 특색, 학교의 교육목표(비전)나 상급기관의 추진계획에 따라 전혀 다른 업무 과중도를 가지게 되지요.

업무는 각 학년말 희망서와 전입교사 수급 등을 고려해서 학교 내 협의와 관리자 의견을 통해 배정되지요. 이때 항상 자신이 원하는 업무를 무조건 맡게 되지는 않습니다. 특히 신규교사의 경우, 학교에서 기준으로 세우는 여러 가지 점수나 배정 방법에서 후순위가 되니 자신이 원하는 업무를 맡기가 쉽지 않아요. 그러니 업무를 맡게 된다면 항상 해당 업무 매뉴얼을 꼭 숙지해야 합니다.

또한 K-에듀파인의 [업무관리]-[문서관리]-[문서함]-[문서등록대장]에서 과거 해당 업무 담당자의 이름을 검색해 작년과 재작년에 기안 상신된 공문을 쭉 훑어본 후 갈무리해두는 것도 1년간의 업무 추진에 큰 도움이 될 거예요. 학교 업무의 특성상 매해 반복되는 업무가 다수이기에, 업무를 하다가 막히는 부분이 있다면 작년 기안을 검색해보는 게 빠른 업무 추진에 도움이 됩니다. 이외에도 추가적으로 업무를 해나가며 어려운 부분은 관리자, 학년부장, 교무부장, 행정실의 도움을 받으면 됩니다.

단순하게 보면 이렇습니다. 복잡해 보이는 업무라도 관리자(교장 선생님, 교감 선생님)와 이야기하다보면 의외로 가볍게 처리되는 경우도 종종 있답니다.

이처럼 교직 생활을 하면서 여러 업무를 맡을 수 있기에 학교에서 맡을 수 있는 여러 가지 업무를 부서별로 나눠서 간단히 정리한 자료를 QR코드로 공유합니다. 업무의 명칭이나 실행 설명은 지역이나 학교마다 업무 추진 방법이 상이할 수 있어요. 예를 들어 학교교육과정 계획이나 추진의 경우, 어떤 지역은 교무부의 교무부장이, 어떤 지역은 연구부의 연구부장이 맡기도 합니다. 또한 부서의 이름도 학교마다 다르므로 보편적인 경우와 핵심적인 내용만 확인하면 됩니다.

4-12. 부서별(초등학교) **업무 설명**

학교 행정용어와 회계용어 살펴보기

학교에서 일하다보면 낯선 행정용어나 회계용어를 마주하며 당황스러운 경험을 하게 되지요. 특히 이런 용어는 영문 모를 한자어로 구성된 경우가 많아 마치 외국어처럼 느껴질 때도 있습니다. 이는 우리나라 행정기관이 일제강점기와 해방기에 일본에서 쓰던 한자식 용어를 그대로 차용해서 발생하는 문제이기 때문에 추후 개선되기를 바랍니다.

먼저 학교에서 자주 쓰는 행정용어를 정리했으니 참고하세요. 언뜻 이해 가지 않는 용어의 경우, 한자풀이를 추가했습니다.

학교에서 자주 쓰는 행정용어

공문을 기안하다보면 정말 어려운 용어가 많지요. 예전보다 많이 순화되었지만, 아직 예전 그대로 사용되는 용어도 많아요. 제가 신규 교사 시절에 가장 많이 실수한 단어가 '결재決裁'입니다. 일반적으로 카드를 사용할 때 쓰는 '결제決濟'와 헷갈려서 많이 틀리곤 했지요. 행정용어라는 게 모르거나 틀려도 아무 문제는 없지만, 행정용어의 뜻을 알고 적절하게 사용한다면 더 좋겠죠? 다음에 학교에서 많이 사용하는 행정용어를 간단하게 정리해보았습니다.

행정용어	설명
기안	계획이나 각종 업무 내용을 공문 등으로 작성하는 것.
상신	작성한 기안문을 관리자(교장, 교감)에게 전자문서 등으로 올리는 것.
결재	관리자나 검토자가 해당 계획의 시행 등을 결정, 승인하는 것. 전결관리자(최종 결재자)로부터 결재권을 위임받은 자가 행하는 결재. 학교 내부 계획에 있는 위임전결규정에 따라 보통 교장 대신 교감이 전결하는 경우가 있음.
대결代決	결재권자인 교장이 휴가, 출장, 그 밖의 사유로 결재할 수 없을 때 교감 등 그 직무를 대리하는 자가 행하는 결재.
협조	결재라인에 행정실의 협조가 필요할 경우, 행정실장을 업무담당자 다음 협조라인에 넣음. 또는 업무 관련 협조가 필요한 교사를 결재라인에 넣음. 기안할 때 [병렬협조]와 [협조]를 선택할 수 있음. [병렬협조]는 순서 없이 협조가 필요한 교사가 검토 후 문서 처리하는 것이고, [협조]는 해당 기안 시 교사 순에 따라 문서 처리가 진행됨.
검토	최종 결재권자 전에 결재하게 되는 사람은 검토자가 됨. 교장이 최종 결재권자일 경우 보통 교감이 검토자가 됨.
반려	공문에 오류나 문제가 있어 결재라인에 있는 관리자가 기안자에게 공문을 다시 되돌리는 것. 회수공문에 오류나 문제가 있어 기안자 스스로 공문을 다시 거두는 것.
기결	이미 결재된 공문. 이것을 취소하는 경우를 '기결취소'라고 함.
공람供覽	결재된 문서를 여러 사람이 보게 하는 것. 보통 연수, 대회, 규칙 등 교사들이 민감할 수 있는 공문은 되도록 공람을 걸어두는 편이 좋음. 판단은 업무담당자의 몫임.
내부결재문서	기안을 상신할 때 수신자(교육청 혹은 다른 기관)를 따로 지정하지 않으면, 내부결재로 처리되는 문서.
대외문서	해당 기관 이외에 다른 행정기관(소속기관 포함)이나 국민, 단체 등에 수신·발신하는 문서.

4-13. 학교에서 자주 쓰는 행정용어

*출처: 2020 행정업무운영편람

학교에서 자주 쓰는 회계용어

학교의 회계용어도 익혀둘 필요가 있습니다. 어떤 교사는 "교육자인 교사가 회계용어까지 알아야 하나요?"라며 의아해하기도 합니다. 하지만 학교는 교육부에서 매해 세금으로 예산을 지원받고 교육 활동을 시행하는 공공기관인 만큼, 회계 처리도 까다로운 편입니다.

사실 학교에서 이런 회계용어를 따로 가르쳐주는 경우는 거의 없기 때문에, 저경력 교사가 행정실에서 제대로 자기 사업에 대해 목소리를 내지 못하는 경우를 많이 볼 수 있어요. 이번 기회에 회계용어를 확실히 익혀서 업무효능감을 높이길 바랍니다.

지금까지 신규교사가 알면 좋은 교직실무의 내용인 공문, 인사, 회

회계용어	설명
본예산	학교운영위원회(학운위)의 심의를 거쳐 확정, 성립된 매 회계연도의 최초 예산을 말함.
회계연도	학교 회계는 3월 1일~다음해 2월 말(학교의 학사일정과 동일), 교육청 회계는 1월 1일~12월 31일까지이므로 교육청 예산결산 보고 시에는 주의할 필요가 있음.
세입과 세출	예산의 개념으로, 회계연도(1년) 단위의 수입과 지출 계획을 의미함.
추가경정예산	여기서 경정更正이란 오류가 있는 것을 고친다는 뜻임. 즉, 추가경정예산은 기존에 성립된 예산이 많거나 부족해 정정이 필요한 예산이란 뜻. 보통 '추경'이라는 말로 축약해 부르며, 학운위가 있을 때 추경예산요구서를 작성해 행정실장에게 제출, 예산을 정정할 수 있는 심의를 받음.
성립전예산	사업 용도가 지정되고 소요경비 전액이 교부된 경비(목적사업비)와 수익자부담경비에 대해 학운위 예산 승인 전에 예산을 집행한 후 차기 추경예산 때 반영하는 예산.
학교운영비	목적 지정 없이 총액으로 배분되는 경비로 단위학교에서 실정에 맞게 각종 교수학습비, 전기료, 시설보수 등 학교운영을 위해 자율적으로 편성할 수 있는 경비.
목적사업비	특정한 사업 수행을 위해 사업 목적이 지정되고, 그 지정된 사업에만 쓰도록 되어 있는 경비. 자율적 사용이 제한되어 있는 편이고, 보통 공모사업예산으로 배부되기 때문에 사전에 계획서를 제출, 추후 영수증 및 지출내역과 함께 결과보고서를 작성하는 등 처리가 까다로운 편임.
세부사업	세출예산을 사업별로 구분할 때의 최소단위. (정책사업-단위사업-세부사업 순) 교육 활동의 핵심 활동이며 학교운영 및 교육계획의 구체적 활동.
세부항목	세부사업의 하위 항목으로서 사업담당자별 구체적인 사업 항목.
목目~세목細目	세출예산을 성질별로 구분한 단위. (인건비, 학교운영비, 업무추진비, 시설비, 비품구입비 등)

원가통계 비목	• 세출예산의 목을 세부적으로 구분한 최소단위. (일반수용비, 운영수당, 여비, 교직원복지비, 교육운영비, 일반업무추진비, 목적사업업무추진비 등) • 한자 그대로 해석하면 '원가를 합계한 모든 비용을 지출하기 위한 명목'. • 아래는 원가통계비목 중 몇 가지를 간단히 설명함.	
	일반수용비	• 사무용품 구입비, 인쇄비, 소모성 물품구입비, 비품수선비, 청소용역비 등 교육 활동 이외의 사무시설 관리 등에 소요되는 비용.
	운영수당	• 학교운영 과정에서 강사 등에게 지급되는 각종 수당 • 수업보결수당
	여비	• 공무원 여비규정에 의한 여비, 이전비 및 민간인 여비.
	교직원복지비	• 교육원 맞춤형복지비를 제외한 교직원복지비 • 피복비, 특근매식비 등
	교육운영비	• 학생 교육활동 지원을 위해 소요되는 각종 경비 – 교구·기자재 구입(소모품만. 자산성 물품은 비품구입비 목에 편성) 및 유지보수비, 교육용 재료비, 교육활동 숙박비·식비·차량임차료·교통비, 학생여비, 학교행사비, 도서관운영비, 학급교육활동경비 등. • 학급운영 • 학습준비물 – 학생이 부담해야 하는 준비물을 학교가 구매·보관하여 공동으로 수업 시간에 활용하는 물품.
	업무추진비	• 교수학습 활동과 관련이 희박하고 교직원 친목도모를 위한 교직원 체육대회 및 연수 등 행사성 경비는 업무추진비에서 집행.
	비품구입비	• 자산의 변동을 가져오는 물품 구입비. 여기서 '비품'이란, 1년 이상 사용 가능한 물품이나 취득단가가 일정금액(지역마다 다름) 이상인 물품.
	도서구입비	• 도서관, 학급문고 등 도서구입비.
지출품의	세출예산에 편성된 사업 예산 집행을 위하여 예산 사용 계획을 올리는 것.	
원인행위	지출품의 결재 완료 후 예산 집행을 위해 지출의 원인이 되는 계약행위이며 학교장이 최종 결재함.	
지출결의	행정실장이 지출원인행위 또는 청구가 정당한지를 판단하여 지급명령 의사를 결정하는 행위.	
개산급	예산 집행의 편이성을 위해 품의 및 결재 등의 절차를 생략하고 담당자의 개인 통장으로 예산을 주는 것. 학급운영비나 동아리 규모의 공모사업 등에서 예산이 개산급 처리되는 경우가 종종 있으므로 학교 및 교육청에 확인할 필요가 있음. 하지만 다른 본예산과 다르게 계획서와 결과보고서를 제출해야 하는 번거로움이 있음.	

4-14. 학교에서 자주 쓰는 회계용어

*출처: 2022학년도 학교회계 예산편성 기본지침(경기도교육청)

계와 용어 등을 간단히 살펴봤습니다. 여기서 설명한 내용은 기초적인 것만을 다뤘지만, 교직 생활을 하면서 큰 도움이 될 겁니다.

교직실무를 모른다고 해서 교직 생활이 아주 많이 어려워지거나 하지는 않습니다. 그러나 교직실무를 잘하면, 공문을 만들 때 시간을 단축할 수 있고, 인사를 알고 있으면 나의 권리를 찾을 수 있고, 회계를 잘 안다면 업무를 추진하는 데 어려움을 덜 수 있지요. 이렇게 단축된 시간을 아이들을 위한 수업 준비, 학급경영 준비 시간으로 쓸 수 있으니 일거양득의 효과가 있지 않을까요? 신규교사들이 지금 알려드린 교직실무 이외에도 더 자세한 내용을 공부해서 업무도 잘하고, 수업도 잘하는 교사가 되기를 바랍니다.

서로에게 손을 내미는 교사의 '함께서기'를 위하여

많은 사람이 교사의 권위가 떨어지고 학교 현장은 점점 더 희망을 잃어간다고 느낍니다. 이 책을 쓴 우리도 그런 생각을 했습니다. 이런 환경 속에서 몸도 아팠지만, 특히 마음이 아팠습니다. 학생으로부터, 학부모로부터, 행정 업무 구조로부터, 때로는 관리자를 포함한 직장 동료로부터 상처받다보니, 무기력 속에서 무미건조하게 일한 시기도 있었습니다.

이런 고민이 깊어질수록 '좋은 교사'가 되기 위한 교사들의 '함께서기'가 필요하다는 생각입니다. 교사의 노동환경 개선을 위한 함께서기, 수업 연찬 및 학급경영 기술을 기르기 위한 함께서기, 교실과 학교의 위기 국면에서 교사의 회복탄력성을 기르기 위한 함께서기가 필요하다는 생각이 점차 강해집니다.

이 책을 쓰는 데는 2019년부터 꼬박 3년에 걸쳐 〈신규교사 함께 서기〉 멘토링을 진행하며 조사한, 신규교사들과 쌓아올린 데이터가 도움이 되었습니다. 이제 막 발령받은 신규교사나 저경력 교사들은 어김없이 생활지도, 학급경영 전반, 그리고 업무에 대해 막막한 걱정을 안고 있었으니까요. 해마다 신규교사를 상대로 멘토링 시작 전과 마무리 시점에 의견 청취를 위한 설문을 진행했는데, 2021년 결과를 보면 이렇습니다.

멘토링 시작 전에 조사한 신규교사의 고민은 총 11개 설문 문항 중 학급경영 전반이 1위, 생활지도가 2위, 학부모와의 관계가 3위, 업무가 4위, 학생과의 관계가 5위였습니다. 또한 멘토링 마무리 시점에서 신규교사가 가장 큰 도움을 받았다고 답한 영역은 1순위가 생활지도, 2순위가 업무, 3순위가 심리적 지지, 4순위가 학급경영 전반, 5순위가 학부모와의 관계였습니다.

이를 통해 교사들이 생활지도에 예상 이상의 어려움을 겪고 있으며, 학교 일과 중 업무가 차지하는 비중이 상당하다는 것을 짐작할 수 있었지요. 또한 학부모와의 관계와 학급경영에 대한 고민은 정도의 차이는 있으나 여전히 보였습니다. 끝으로, 멘토링 시작 전 설문조사에서는 순위권에 없던 심리적 지지의 순위가 크게 상승한 것에서, 선배 교사들과 동료 교사들로부터 얻는 심리적 지지의 효능이 크다는 것을 알 수 있었다는 게 커다란 성과였습니다.

초중등교육법 제20조 4항에 "교사는 법령에서 정하는 바에 따라 학생을 교육한다"라고 되어 있습니다. 그러나 멘토링을 시작한 이래 수업이 신규교사들의 고민이 된 적은 한 번도 없었습니다. 교사가 수업 이외의 다른 것들에 에너지를 쓸 수밖에 없는 것은, 학교가 대한민국이라는 사회의 문제점이 여과된 공간이기 때문이겠지요. 지도층의 교육철학 부재, 사회안전망 부족, 저출산을 부추기는 현실, 민원인에게 치중된 행정구조……. 여기서 파생되는 부작용과 분노, 억울함, 적개심 등의 감정은 고스란히 학교에 쏟아지고 교사는 부담을 떠안아야 했습니다. 교육과정과는 직접적인 연관이 없는 공문처리에 시달린다거나, 아동학대 고소 위협에 제대로 된 생활지도조차 하지 못한다거나 하면서요. 정작 이런 비교육적 과업에 밀려 수업 연구는 등한시되는 것이 지금 학교의 현실입니다.

교육의 지향점을 생각해보면 교직은 마라톤이나 우리 인생과 같습니다. 우리 역시 초임 교사 시절, 내가 맡은 학생을 1년 만에 바꿔보겠다는 조급한 생각을 가졌지요. 아이들에게 잘못된 점을 고치도록 강요하고, 아이들에게 실망하고, 힘들어했습니다. 하지만 아이들은 단시간에 고쳐지지 않습니다. 교사 역시 내 기준으로 학생과 학부모를 재단하는 프로크루스테스가 아님을 명심합시다. 학생의 내면에 있는 잠재력을 찾아내고 성장할 수 있도록 끌어내는 사람이 교사입니다. 함께 배우고 성장하는 자세로 학생과 학부모를 대하면 학생도 교사의 자세를 보고 배우며, 학부모도 교사에게 감사하며 교육전문가로 인정합니다.

신규교사 때는 대부분 아무것도 모르는 백지상태입니다. 무엇을 모르고 있는지도 모르지요. 교육전문가로 대우받는 것은 교사가 자존심을 내세우며 자신의 교육적 소신을 고집하는 데서 오는 게 아니라는 점을 알면, 훨씬 유연한 대처가 가능할 것 같습니다. 교사로서 학생을 가르치지만, 학생만 성장하는 게 아니라 교사 또한 함께 성장한다는 것을 지금도 느끼고 있습니다. 교사이기 이전에 한 인간으로서 학생들과 소통하며 서로를 다듬어가는 과정이 소중하고 보람차다는 것을 느낍니다. 같이 성장하는 기쁨을 모든 선생님과 함께 나누면 좋겠습니다.

모든 일에는 끝과 또 다른 시작이 있습니다. 선생님들에게 '함께서기'를 권합니다. 학교라는 공간의 안과 밖에서 맺어지는 수많은 함께서기를 통해, 역경지수와 회복탄력성의 근육은 연마될 수 있으리라 믿습니다. 우리 교사들이 각자의 자리에서 힘을 내어 조금씩 학생들과 성장한다면, 그 작은 기쁨들이 모여 세상을 성장시킬 것입니다.

현장에서 직접 몸과 마음을 부딪치며 풍파를 넘어온 선배 교사 네 명의 생각과 경험을 담은 이 책이 조금이나마 힘이 되길 바라 마지않는 마음입니다. 새롭게 도전하는 신규 선생님들을 응원합니다.

부록

이런 문제를 마주한다면 어떻게 해결할까요?

—신규교사의 다양한 상담 사례

신규교사나 저경력 교사들이 주로 상담하는 내용은 어떤 게 있을까요? 그중 몇 가지 사례와 해결 방법을 살펴볼게요. 다른 선생님들의 사례를 보면서 같은 상황에 처한다면 어떻게 해결하면 좋을까 생각해보세요. 실제로 비슷한 상황을 맞게 되었을 때 도움이 될 거예요.

▪ 사례 1 — 집중하지 못하는 아이, 어떻게 집중하게 할까요?

저희 반에는 조금 특이한 학생이 있습니다. 집중하기까지 오래 걸리는 학생인데요, 한번 집중하면 거기에 몰입해 끝낼 때까지 하는 아이예요. 또 본인이 중요하다고 생각하면 그 일에 꽂혀서 예민해지기도 해요. 다음과 같은 일이 있었어요.

-글씨를 반듯하게 쓰느라 속도가 느린데, 수업에 집중하지 못하고 본인만의 생각에 빠져 있다가 남들이 다 받아적은 타이밍에야 쓰기 시작합니다. 그래서 다른 친구들이 기다려주기도 하고, 너무 오래 걸릴 때는 남아서 쓰고 가게 해요.

-수학 단원평가를 볼 때 40분 내내 집중하지 못합니다. 자꾸 다른 일을 하다가 반 정도는 문제를 풀지 못하고요. 다른 아이들이 하교하고 저랑 둘이 남아서 할 때는 또 잘 집중해서 10분 만에 풀고 가지요. 남들과 같이할 때 집중하지 못하는 아이, 어떻게 해야 할까요?

다행히 아이는 어머니와 사이가 좋은 편으로 보여요. 부모님 관련 수업에서 긍정적으로 관계를 표현하고, 부모님도 아이를 사랑하고 학업에 너무 집착하는 편도 아니에요. 다만 어머니도 아이가 시간이 오래 걸리는 문제라든지, 수학 한 문제를 풀지 못해서 오래 붙잡고 있다든지, 글씨 하나를 지우다가 번져서 공책이 더러워졌을 때 그냥 넘어가서 다음 쪽에 글을 적지 않고 계속 가만히 있는 모습을 보면서 아이에게 심하게 말한 적은 있어요. "이거 정신병이라고! 도대체 왜 그러냐고!" 이런 식으로요.

그리고 아이가 혼자 남는 것을 싫어하지도 않아서 신기합니다. 보통 아이들은 남기 싫어서 빨리하는데, 이 아이는 그 스트레스가 없어요. 또 문제를 자기가 완벽히 못 풀면 그 문제를 넘어가기 힘들어서 세월아 네월아 한답니다.

—4학년 담임, 2년차 교사

선배 교사의 조언

수업하다보면 자기가 하고 싶은 일을 하거나, 중요하게 여기는 부분에 몰두해 정작 당장 해야 하는 활동에 집중하지 못하는 아이들이 있지요. 이 아이의 경우, 글씨를 반듯하게 쓰느라 속도가 느린 것에 대해서는 어머니와 상담을 통해서 원인을 찾아보아야 합니다. 어머니가 글씨를 반듯하게 쓰는 것을 너무 강조하는 경우, 아이가 글씨를 바르게 쓰는 것에만 매몰되어 다른 중요한 목표를 놓치는 수가 있기 때문이죠. 아이가 학교에서 글씨를 반듯하게 쓰는 데 수업 시간을 많이 사용하니, 바르게 쓰되 조금 빠르게 쓸 수 있도록 집에서 연습시키면 어떨지 어머니에게 제안하는 게 좋습니다.

무엇보다 수업에 집중하지 못하고 본인만의 생각에 빠져 있다니, 글씨 때문에 속도가 느린 것보다 수업에 집중하지 못한다는 부분에 초점을 맞춰야 합니다. 수업에 집중하지 못하는 원인이 무엇인지를 먼저 알아보아야 합니다. 아이가 멍하게 있는 원인은 사실 다양해요. 무기력한 상태에 빠져 있거나, 학습 내용 이해에 어려움이 있거나, 주의력에 문제가 있어서 그럴 수도 있지요. 문제 상황의 원인을 무엇으로 보느냐에 따라 해결 방법이 달라지므로 여러 가지 상황을 가정하고 아이에게 다양한 방법을 적용해볼 필요가 있겠습니다.

먼저 원인을 무기력이라고 본다면, 어떤 상태를 무기력하다고 보는지 생각할 필요가 있어요. 이를테면 숙제나 준비물을 잘 챙겨오지 못하는 아이, 수업에 집중하지 못하며 멍하게 앉아 있고 발표를 잘하지 못하는 아이, 학교 행사에 소극적으로 참여하며 의욕 없는 아이, 자기표현이 미숙해 교사와 친구 관계에 문제 있는 아이, 유아적이고 자기중심적이며 떼쓰기 잘하는 아이를 무기력한 아이라고 볼 수 있어요.

무기력에 빠지게 되는 데는 여러 원인이 있어요. 부모가 아이에게 성취 압력을 심하게 줄수록 아이는 부모의 기대에 부응하려 애쓰지만, 기대만큼 결과가 나오지 않는 경험을 반복하면서 무기력에 빠지는 경우도 많습니다. 이외에도 학습 내용을 잘 이해하지 못하는 경험이 반복되면서 교실에서의 실패가 누적된 경우, 친구와의 관계가 갑자기 나빠진 경우, 교사의 부정적인 피드백이나 무관심이 누적되어 교사와 아이의 관계가 틀어진 경우 등 여러 가지 요인으로 인해 무기력에 빠지게 될 수 있으니 다양한 원인을 생각해두고 아이를 관찰하며 부모님과 꾸준히 대화할 필요가 있어요.

또한, 아이가 집중하지 못하는 상황은 언제인지 살펴봐야 해요. 다른 아이들과 있을 때 집중하지 못한다는 것을 보면, 아이가 다른 사람의 시선과 평가에 민감하다는 뜻으로 보여요. 양육자가 아이의 작은 실수도 용납

하지 못하고 늘 평가적인 표현을 하거나 항상 다른 사람의 시선에 신경 쓰는 모습을 아이에게 보이는 경우, 아이도 그렇게 성장할 수 있어요. 늘 다른 사람의 시선에 신경을 쓰다보니 다른 친구들이 있을 때 나를 어떻게 볼지 두려워 집중하지 못하는 게 아닌지 잘 봐야 해요. 방과후 혼자 남는 일을 싫어하지 않는다는 것도 이와 연관될 수 있어요. 자기를 평가하는 사람이 없는 교실이 아이에게 가장 안전하게 느껴져서 아무도 없는 교실에 남는 것을 오히려 편안히 여길 수 있거든요.

다행히 아이가 어머니와 사이가 좋다니, 어머니가 아이를 좀 더 관찰하고 어떤 상황일 때 집중이 잘되지 않는지 아이와 대화하면 해결의 실마리가 보일 것 같아요. 아이가 작은 것에 집착하는 모습에 어머니가 심한 말씀을 했다고 했는데, 어머니 자신에게도 그런 모습이 있어서 그랬을 수 있어요.

하지만 이것은 하나의 가정일 뿐입니다. 먼저 아이의 마음을 읽어보려는 다양한 시도가 필요해요. 아이의 마음에 뭔가 불안한 부분이 있어 그러는 상황일 수도 있으니, 무엇이 아이에게 불안을 불러일으키는지 파악해 볼 필요가 있지요. 왜 그런지 말이나 글로 표현해보게 하는 것도, 아이가 자신의 감정을 이해하고 집중을 방해하는 감정이나 생각을 버릴 수 있도록 돕는 방법입니다.

한편, 학습 내용이 아이의 수준에 맞지 않아 집중하지 못하는 경우도 있는데, 이 아이는 집중해서 해결하면 10분 안에 할 수 있다고 하니, 이해력 문제는 아니고 집중하지 못하는 상황이 문제겠지요. 어떤 상황에서 아이가 집중하기 어려워하는지 살펴보는 게 좋습니다.

집중하지 못하는 아이들을 만나면 ADHD 등의 진단명을 먼저 떠올리는 경우도 있어요. 하지만 이런 진단은 전문 상담사나 의사의 영역이며, 우선 선생님은 아이의 마음 상태와 그에 따른 행동 개선에 초점을 맞출 필요가 있어요. 교사인 우리가 할 일은 아이에게 어떤 진단명이나 꼬리표를 붙이는 것이 아니라, 아이의 행동을 개선해 더욱 건강한 삶을 살아가도록 도움을 주는 것이니까요. 먼저 행동 개선을 위해 노력해보고, 전문 상담이 필요한 경우라면 그때 전문기관에 의뢰하면 됩니다.

▪ 사례 2 — 거짓말하는 아이, 어떻게 지도해야 할까요?

1학년인 우리 반 아이가 거짓말을 심각하게 합니다. 다른 애가 자기 푸시팝(고무 재질로 뽁뽁 누를 수 있는 장난감)을 잘랐다, 자기 지갑에서 돈을 꺼냈다고 말해서 녹음을 했는데, 앞뒤가 하나도 안 맞아요. 푸시팝 잘린 게 집에 있다더니 가져오라니까 버렸다고 하고, 지갑에서 돈 꺼낸 걸 친구가 말해줬다더니 친구들한테 물어본다니까 사실 자기가 작은 CCTV를 지갑 안에 설치해놨다고 이야기하는 식이에요. 선생님은 그때 교무실에 가셔서 말하지 못했다고 하고요.

거짓말했다가 걸리면 진짜 큰일 난다고, 선생님도 엄청 실망할 거라고 이야기했는데, 이 아이는 자기는 진실만을 말하고 다른 애가 거짓을 고한다고 생각하는지, 얼굴 하나 안 바뀌고 거짓말하면 나중에 벌 받는다고 오히려 자기가 먼저 이야기합니다. 언니와 부모님한테도 자기가 피해를 본 것처럼 말했다는데, 이런 아이는 도대체 어떻게 지도해야 할까요?

—1학년 담임, 2년차 교사

선배 교사의 조언

거짓말하는 아이들은 자기가 잘못한 것을 감추려고 거짓말하다가 그 거짓말을 감추기 위해 점점 더 큰 거짓말을 하면서 끝까지 거짓말이 아니라고 우기지요. 심지어는 자기가 한 거짓말이 진짜라고 믿는 단계까지 이르기도 해요. 거짓말은 고학년보다 저학년 학생들이 더 자주 합니다. 나이가 들수록 거짓말을 빨리 알아채고, 상대방 말에 모순이 있으면 그것을 가려낼 수 있는 능력이 생기므로 고학년으로 갈수록 거짓말하기가 조심스러워지기 때문이지요. 저학년 아이들도 거짓말이 나쁜 것은 알고 있지만, 대개 혼날까봐 무서워서 시작한 거짓말이 점점 커져서 돌이킬 수 없게 된 경우가 많아요.

그리고 친구의 자랑에 샘이 나서 자기도 거짓말로 자랑하는 경우도 많고요. 살면서 거짓말을 한 번도 안 해봤다는 말이 가장 큰 거짓말이라고 할 만큼, 누구나 거짓말을 한 번쯤은 할 수 있지요. 하지만 습관적으로 거짓말하는 것은 분명히 지도해야 할 문제입니다. 아이가 거짓말을 해봤는데 들키지 않거나 오히려 그것으로 이익을 얻게 되었을 경우, 습관적인 거짓말로 이어지고 심한 경우 사기와 도벽으로 이어질 수 있으니 상습적인 거짓말을 발견하면 제대로 지도해야 합니다.

먼저 거짓말을 한 아이에게 거짓말을 한 점은 실망스럽다고 말하되, 화를 내거나 비난하지 않아야 합니다. 아이의 뻔뻔스러운 거짓말에 화가 나는 것이 일반적인 반응이지만, 거짓말이 들통나 심하게 혼난다면 아이가 다음에는 더욱 정교한 거짓말을 준비할 수도 있으니 마음을 가라앉히고 아이를 대하는 것이 좋습니다. 화를 내거나 비난하는 대신, 거짓말이 왜 나쁜지 거짓말의 대가를 알려주세요. 거짓말을 해서 그 상황을 모면해도 어차피 언젠가는 모두가 진실을 알게 되며, 거짓말을 함으로써 주변 사람들의 신뢰를 잃게 되어 아무도 자기 말을 믿어주지 않게 된다는 것을 아이가 알게 해야 합니다. 그리고 아이가 거짓말한 것에 대해 잘못을 시인하면 "솔직하게 말하는 것도 용기가 필요한 일인데 솔직하게 말해주니 기쁘다"라고 말해주면 됩니다.

하지만 이 상황 속 아이는 거짓말이 만성이 된 것으로 보이네요. 그러니 위의 단계 이전에 일단은 아이와 대화하면서 아이가 거짓말하게 된 원인을 찾아야 하겠지요. 아이가 왜 굳이 다른 아이가 자기 푸시팝을 잘랐다고 했는지, 또 왜 자기 지갑에서 돈을 꺼내 갔다고 했는지, 그 아이와의 관계를 중심으로 살펴볼 필요가 있어요.

이미 아이가 자기 가족에게는 피해자인 것처럼 이야기한 상태이므로, 학부모와의 상담은 아이와 이야기를 충분히 한 다음에 그 대화 내용을 바탕으로 진행해야 합니다. 아이가 거짓말하면 나중에 벌을 받는다고 먼저 말하는 것으로 보아, 이미 거짓말로 선생님이나 학부모로부터 야단맞은 일이 다수일 겁니다.

학부모와 상담할 때, 아이에게 화내거나 야단치지 말고 선생님과의 대화를 통해 알게 된 아이의 마음을 읽어주는 말을 하면서 어떤 상황에서도 거짓말이 도움이 되지 않는다는 것을 차분히 말해달라고 부탁하세요. 또한 아이가 진실을 말할 때 주변 사람들이 아이에게 진실을 말해줘서 기쁘다는 반응을 자주 보여주고, 아이의 마음을 솔직하게 표현할 기회를 주면서 많이 기다려주면 아이도 천천히 변화할 것입니다.

▪ 사례 3 — 마니토 활동 중 나쁜 말을 쓴 쪽지를 발견했다면?

우리 반에서 어떤 아이가 자기 책상에 쪽지가 있다고 제게 보여줬는데 이런 내용이었어요.

'이 ×× 죽여버린다.'

이거 학교폭력이죠? 우리 반에서는 마니토 활동으로 편지쓰기가 있어서 종종 책상에 쪽지를 올려두기는 하는데, 이건 도무지……. 그런데 쪽지를 누가 쓴 건지 잡을 수가 없어서 일단 쪽지만 보관하고 있어요. 우리 반 아이들이 겉으로 보기엔 착해 보여서 이런 쪽지를 진심으로 썼다고는 믿기지 않네요. 어떻게 해야 하나요?

—1년차 신규교사

선배 교사의 조언(*이 글은 인디스쿨에 올린 저자의 조언을 그대로 수록했습니다.)

이런 상황에서 보통 교사가 쉽게 선택하는 방법으로는 "모두 눈 감고 이 쪽지를 쓴 사람은 조용히 손을 들어요. 나오지 않으면 앞으로는 재미있는 활동은 할 수 없어요!"라는 식으로 달래거나 협박하면서 범인찾기를 하지요. 하지만 협박하고 겁주는 것으로는 아이들 문제가 더 심해질 수 있어요. 이렇게 나쁜 말을 쓰는 것이 학교폭력이라는 인식을 전체 아이에게 공지하되, 화내고 협박하며 말하는 것이 아니라 이렇게 사실 안내를 해주는 방법을 사용하세요.

우리 반에 이런 일이 있었는데, 이것은 언어폭력에 해당하며 언어폭력도 결국 학교폭력에 해당한다는 것을 우리 모두 알고 있다. 아는데 이렇게 행동하는 것은 지혜롭지 못한 행동이다. 이런 말을 쓰는 사람은 그 사람 마음이 그만큼 아픈 상태라 이렇게 말하는 것이니, 안타깝게 여겨주자.

이런 이야기를 하면서 아이들을 관찰해보면 뭔가 켕기는 표정을 한 아이가 있을 겁니다. 혹은 평소에 아이들을 관찰했다면 이 쪽지를 썼을 거라고 추정되는 아이가 있을 거예요. 혹은 쪽지를 받은 아이 주변에 최근 그 아이와 문제가 있던 아이가 있을 수도 있고요. 아니면 전체에게 이야기하는 동안 "살구가 그랬어요"라고 말하는 아이가 나올 수도 있어요.

어떤 경로로 아이를 찾게 되든, 따로 불러서 그렇게 행동한 이유를 물어보고 쪽지를 쓴 아이와 쪽지를 받은 아이 양쪽의 마음을 들어보는 시간을 가지세요. 서로 마음을 듣게 하고, 잘못한 부분에 대해서 사과하고, 같은 일이 또 생기지 않으려면 어떻게 해야 할지 이야기하게 하세요. 다그치는 것이 아니라 들어주어야 아이들도 평화롭게 이야기하고 해결해나갑니다.

전체를 대상으로 이야기할 때 누가 그랬는지 나오지 않더라도 화낼 필요는 없어요. 누가 그랬는지를 찾는 것보다는 이 일을 당한 친구를 위로하고 앞으로 이런 일이 없게 하는 것이 더 중요한 일이니까요. 누가 그랬는지 알기 어렵다면 다 같이 나쁜 쪽지를 받은 친구를 위로하는 말을 해주도록 하는 것도 좋습니다.

평소에 제가 "친구를 향한 모든 나쁜 말은 다 자기소개를 하는 거야"라는 말을 해놓았더니, 나쁜 말을 들은 아이도 크게 상처받지 않고 "그래, 자기소개하고 있구나" 하고 말더라고요. 나쁜 말을 한 아이도 머쓱해져서 나쁜 말이 점점 줄어드는 것을 관찰할 수 있었습니다. 나쁜 말이 결국은 친구들과의 관계를 해치고 내게 손해가 된다는 것을 알게 해주면, 보통의 아이들은 점차 나쁜 말을 쓰지 않도록 노력합니다. 한편으로 자신의 태도에 대한 기준은 높이고 친구들의 태도에 대해서는 관용을 베풀 줄 아는 자세를 갖추도록 자주 이야기하는 게 좋지요.

학급에서 어떤 사건이 터질 때라도 평정심을 유지하고 아이들의 말을 잘 듣고 자세히 관찰하면 해결책이 보일 거예요. 가르친다는 것은 알려주고 기다리는 일의 연속입니다. 아이들이 1년 내내 전혀 변화가 없을 수도 있지만, 그런데도 우리 교사가 할 일은 아이들이 성장할 것을 기대하며 물을 주고 기다리는 것입니다. 콩나물에 물을 주면 알게 모르게 콩나물이 자라듯이 말이지요. 성장과 변화를 기대하며 기다리는 가운데 학생도 교사도 함께 성장하는 기쁨을 어느 순간 느낄 수 있을 겁니다.

참고문헌

1부 · 교사의 철학

권석만(2012), 『현대 심리치료와 상담 이론』, 학지사.

매튜 D. 리버먼(2015), 『사회적 뇌-인류 성공의 비밀』, 시공사.

박남기(2017), 『최고의 교수법 - 가르치는 사람이 반드시 배우고 익혀야 할 것』, 쌤앤파커스.

서혜승, "위기 때마다 '회피'를 택하는 싱글맘 이지현", 〈오은영의 금쪽 상담소〉(채널A, 16회, 2022), https://www.youtube.com/watch?v=hQaFxYB-bas;

에드워드 L. 데시(2011), 『마음의 작동법』, 에코의서재.

이성우(2015), 『교사가 교사에게』, 우리교육.

제인 넬슨, 린 로트, 스티브 글렌(2014), 『학급긍정훈육법』, 에듀니티.

제임스 C. 헌터(2000), 『리더십 키워드』, 시대의창.

존 가트맨, 최성애, 조벽(2011), 『내 아이를 위한 감정코칭』, 한국경제신문사.

Dennis O'Neil(2013), *Basic principles of genetics: An Introduction to mendelian genetics*, https://www2.palomar.edu/anthro/mendel/default.htm.

Luft, J.; Ingham, H.(1955). "The Johari window, a graphic model of interpersonal awareness". *Proceedings of the western training laboratory in group development*. los angeles: university of california, los angeles.

片山紀子(2018), 入門生徒指導, 學事出版.

2부 · 학급경영

국립특수교육원 편(2009), 『특수교육학 용어사전』, 하우.

서울대교육연구소 편(1995), 『교육학용어사전』, 하우.

서준호(2016), 『6학년 담임 해도 괜찮아!』, 지식프레임.

이영근(2016), 『초등 학급운영 어떻게 할까?』, 보리.

3부 · 학생·학부모 상담

강진령(2015), 『학교상담과 생활지도-이론과 실제』, 학지사.
김계현, 김동일, 김봉환, 김창대, 김혜숙, 남상인, 천성문(2000), 『학교상담과 생활지도』, 학지사.
김연민, 김태승(2019), 『초등 학부모 상담』, 푸른칠판.
김은하, 고홍월, 조애리, 조원국(2017), 『학교 생활지도와 상담』, 학지사.
서울초등상담연구회(2016), 『초등 상담 백과』, 지식프레임.
송형호(2021), 『학부모 상담 119』, 지식의 날개.
송형호, 왕건환 외(2019), 『교사 119-이럴 땐 이렇게』, 에듀니티.
심경섭, 김태승, 박수진, 손희정, 김성희, 김진희, 남민정, 박창열(2019), 『초등 상담 새로 고침』, 맘에드림.
이상우(2021), 『지혜로운 교사는 어떻게 학부모 상담을 하는가?』, 지식프레임.
칙 무어만, 낸시 웨버(2013), 『지혜로운 교사는 어떻게 말하는가』, 한문화

4부 · 교직실무

경기도교육청(2021), 『2021년 교육공무원 인사실무편람(초등)』, 경기도교육청.
경기도교육청(2022), 『2022 학교업무매뉴얼(초등)』, 경기도교육청.
경기도교육청(2022), 『2022학년도 학교회계 예산편성 기본지침』, 경기도교육청.
교원휴가에 관한 예규(2022. 3. 1.) 제67호(2022. 2. 15. 일부개정)
국가 공무원 복무규정(2022. 1. 13.) 대통령령 제32172호(2021. 11. 30. 타법개정)
행정안전부(2020), 『행정업무운영 편람』(발간등록번호 11-1741000-000051-11), 행정안전부.